EIN MOMENT DES KRIEGES

ERINNERUNGEN
AN DEN SPANISCHEN BÜRGERKRIEG

Atlantischer
Ozean

FRANKREICH

P y r e n ä e n

Perpignan

Figueras

Barcelona

SPANIEN

Madrid

Teruel

Menorca

Mallorca

Tarazona
de la Mancha

Valencia

Albacete

Ibiza

Almeria

N

S

Mittelmeer

0   50   100 150 km

LAURIE LEE

EIN MOMENT DES KRIEGES

ERINNERUNGEN
AN DEN SPANISCHEN
BÜRGERKRIEG

Aus dem Englischen
von Robin Cackett

BERLIN VERLAG

Die Originalausgabe erschien 1991
unter dem Titel
A Moment of War. A Memoir of the Spanish Civil War
bei The New Press in New York
© 1991 Laurie Lee
Für die deutsche Ausgabe
© 1997 Berlin Verlag
Verlagsbeteiligungsgesellschaft mbH & Co KG
Berlin
Alle Rechte vorbehalten
Umschlaggestaltung:
Nina Rothfos und Patrick Gabler, Hamburg
Gesetzt aus der Swift
Druck & Bindung:
Druckerei Pustet, Regensburg
Printed in Germany 1997
ISBN 3-8270-0232-X

Gedruckt auf chlor- und säurefreiem Papier

DEN GESCHLAGENEN

INHALT

RÜCKKEHR UND EMPFANG

Im Dezember 1937 überquerte ich von Frankreich aus die Pyrenäen – zwei Tage zu Fuß durch den Schnee. Ich kann mich nicht entsinnen, weshalb ich im Dezember aufbrach; es war eine von mehreren Tollheiten, die ich damals beging. Aber in der zweiten Nacht nahm sich unweit der Grenze ein Schäfer meiner an, geleitete mich über den letzten Gipfel und deutete auf ein kleines Bergbauernhaus weiter unten.

Es war schon dunkel, als ich dort ankam – eine Silhouette unter anderen inmitten der Felsen. Ich klopfte an die Tür, die kurz darauf von einem jungen Mann mit einem Gewehr in der Hand geöffnet wurde. Er hielt eine Laterne hoch, um mein Gesicht zu mustern, an seinem Arm bemerkte ich eine republikanische Binde.

»Ich bin gekommen, um mich euch anzuschließen«, sagte ich.

»Pase usted«, gab er zur Antwort.

Ich war wieder in Spanien, vor mir ein Winter des Krieges.

Der junge Mann schulterte sein Gewehr und bat mich, in die Hütte einzutreten. Durch einen dunklen Flur erreichten wir ein verrauchtes Zimmer. Darin standen ein alter Mann, eine alte Frau, ein zweiter Jüngling mit Gewehr und ein hageres Mädchen von vielleicht elf Jahren. Sie drängten sich dicht zusammen, als posierten sie für ein Familienphoto, und fixierten mich mit einem glatten, künstlichen Lächeln.

Als ich eintrat, herrschte reglose Stille – vor ihnen ein junger, abgerissener Fremder, ohne Mantel, bis zu den Knien aufgeweicht, und aus dem Bündel auf seinem Rücken ragte ein Geigenbogen. Dann sagte die Alte plötzlich »Ay!« und winkte mich zum Feuer, in dem ein großer Haufen Tannenzapfen knisterte.

Ich kauerte nieder, um mich an den qualmenden Flammen zu wärmen, und gab mich ganz dem Gefühl hin, in Spanien angekommen zu sein. Ich hatte es zum ersten Mal droben an der Grenze gespürt, als ich mich zwischen den Felsen hindurchschlängelte – da war eine atmosphärische Spannung gewesen, ein Wechsel der Gerüche und Geräusche, als ob ein großes Tor sich hinter mir schlösse und für immer das Land versperrte, aus dem ich gekommen war; ein rauher Wind blies mir entgegen, die südlichen Abhänge der Pyrenäen erstreckten sich zu meinen Füßen, und vor mir tat sich die vielfach zerklüftete Unermeßlichkeit Spaniens auf. Hinter mir lag der stechende Geruch von Gauloises, der einschläfernde Wohlgeschmack opulenter Soßen und marinierter Braten, das fruchtbare Ackerland der Franzosen; vor mir erwartete mich, noch gespenstisch, das ganze Sammelsurium meiner Erinnerungen – die Witterung alter Lumpen und schmauchender Holzfeuer, das Aroma gesalzenen Stockfischs und sauren Weins, ein Hauch von Krankheit, Stein und Stechdorn, alten Gäulen und fauligem Leder.

»Möchtest du etwas essen?« fragte die Frau.

»Red keinen Unsinn«, sagte ihr Mann.

Er räumte eine Ecke des Tisches ab, und die Alte gab mir Löffel und Teller. Am Tischende reinigte das Mädchen stirnrunzelnd ein Gewehr und biß mit den Zähnen auf die Zunge, als säße es an seinen Hausaufgaben. Über den schwelenden Tannenzapfen hing ein verrußter Kochtopf, aus dem die Frau mir einen Teller vollschöpfte. Die Brühe war heiß, aber dünn und wäßrig, vermutlich der zehnte Absud aus den Knochen eines Feldhasen. Zitternd, doch mit dampfenden Kleidern löffelte ich die wärmende Suppe, während die Jugendlichen mit den Gewehren im Arm am Eingang kauerten und mich beobachteten. Alle beobachteten mich, nur die Aufmerksamkeit des Mädchens schien ganz von seiner wichtigen Tätigkeit gefangen. Nach meinem Aussehen zu urteilen, dürfte ich kaum bedrohlich gewirkt haben, es sei denn wegen meines rätselhaften Bündels. Doch nach einer Weile hörte das mißtrauische Schweigen auf, und der Raum füllte sich mit leisem, scherzhaftem Getuschel.

»Woher kommst du?«

»Aus England.«

»Ah, ja – aus England.«

Sie nickten einander höflich und bedächtig zu.

»Und wie bist du denn hierhergekommen?«

»Ich bin über die Berge gewandert.«

»Ah, er ist über die Berge gekommen ... zu Fuß.«

Mittlerweile hatten sich alle um den Tisch gesetzt, an dem ich meine Suppe schlürfte. Augenzwinkernd strichen sie sich über die Wangen, quittierten meine Auskünfte mit begeistertem Kopfnicken und wiederholten jedes Wort, das ich sagte, als wollten sie ein Kind ermutigen, das gerade sprechen lernt.

»Er ist gekommen, um sich uns anzuschließen«, sagte einer der Jugendlichen, was rundum erneut ein gravitätisches Kopfnicken erntete, selbst das Mädchen hob ihr schmales Haupt zu einem knappen, gezierten Lächeln. Aber auch ich war glücklich und zufrieden, daß ich es in zwei Tagen durch Fels und Schneestürme so leicht geschafft hatte. Hier war ich unter Freunden. Hinter mir lag das friedenssatte Frankreich. Den Menschen in dieser Küche waren die Entbehrungen des Krieges anzumerken – die Männer rauchten Buchenblätter, die Suppe war dünn wie Brunnenwasser; an den Wänden hingen wie Zwiebelzöpfe die Handgranaten, in der Ecke lagen Musketen und Patronengurte und offene Orangenkisten, in denen wie silberne Sardinen die Kugeln glänzten. Der Krieg war damals noch so begrenzt – es war, als hätte ich einfach ein anderes Zimmer betreten. Ich kannte das Zimmer von früher, und doch sah es anders aus. Ich war hundemüde, das Stimmengemurmel wurde undeutlicher, und unter meinen Füßen spürte ich den ersehnten spanischen Boden. Die Augen der Männer wurden zusehends schmaler, während sie den unerwarteten Fremden und seine Siebensachen, die zum Trocknen am Feuer ausgebreitet lagen, musterten. Dann nahm mich die Alte am Ellbogen und brachte mich, dicht gefolgt von einem der Jungen, nach oben. Sie führte mich in einen kleinen fensterlosen Raum mit gekalkten Steinwänden, in dem ein großes, ziegenfellbedecktes Eisenbett stand. Erschöpft legte ich mich nieder, die Alte stellte ein Öllämpchen auf den Boden, drückte mir mit der kalten Hand die Augen zu und brummte zum Abschied einen Gutenachtgruß. Der Raum hatte keine Tür, sondern lediglich eine Öffnung in der Wand, und der Junge plazierte sich gelangweilt auf der Schwelle. Er lag auf der Seite, stützte das Kinn auf den Gewehrschaft und beobachtete mich unverwandt aus großen, schwarzen Augen. Beim Einschlafen fiel mir ein, daß ich mein Gepäck unten hatte liegenlassen, aber das schien im Augenblick ohne Bedeutung.

Am Morgen wurde ich von den beiden bewaffneten Brüdern geweckt, die bereits ausgehfertig in Kaninchenfellponchos bereitstanden. Sie brachten mir einen Eimer Schnee zum Waschen und geleiteten mich scheu nach unten. Sie bedeuteten mir, auf einem Hocker Platz zu nehmen, und die Alte schenkte mir Kaffee ein. Das kleine Mädchen saß mit glänzendgebürstetem Haar am Tisch und stopfte Munition in leere Patronengurte. Während ich den Kaffee trank, der nach rostigen Knöpfen schmeckte, sah sie mich verschmitzt an.

»Er ist über die Berge gekommen«, sagte sie keck und grinste in sich hinein.

Die beiden Jugendlichen kicherten, und der alte Mann begann zu hüsteln.

Sie brachten mir meine Sachen und halfen mir, den Rucksack anzulegen. Draußen warte schon ein Pferdewagen.

»Den haben sie nur deinetwegen aus der Stadt hergeschickt. Sie wollten nicht, daß du dich unnötig lange hier aufhältst ..., nachdem du den ganzen weiten Weg gemacht hast, um uns zu helfen.«

Die Jungen eskortierten mich auf die Straße, während der Rest der Familie vor der Tür stehenblieb, die violetten Finger anhauchte und uns zusah. Die Frau und das Mädchen trugen bunte Kopftücher, und der Alte hatte aus irgendeinem Grund seinen Zylinder aufgesetzt.

Der Wagen, der auf der Straße wartete, ähnelte einem alten Mistkarren, und der Kutscher hatte ein eingefallenes, nervöses Gesicht. »Vamanos, vamanos, vamanos«, drängelte er halblaut, indes er mich mit deutlichem Widerwillen musterte.

Die Jungen halfen mir auf den Karren und kletterten selbst hinterher.

»Das ist er, der Engländer«, verkündeten sie mit zweifelhafter Aufgeräumtheit.

Der Kutscher schnaubte und wickelte seine Peitsche ab.

»Pferd und Wagen«, sagte einer der Brüder und stupste mich vielsagend an. »Wir müssen deine Beine schonen. Die sind bestimmt halb kaputt nach dem langen Marsch durch die Berge. Und was haben wir von dir, wenn deine Beine nichts mehr taugen? Du würdest uns nicht viel nützen.«

Das beständige Grinsen und Kichern ging mir allmählich auf die Nerven. Ich saß schweigend und schlotternd auf dem Wagen. Die Jungen hockten sich direkt neben mich, auf jeder Seite einer, wie Wachposten die Gewehre im Anschlag. Hin und wieder zielten sie auf mich und lachten einander strahlend an. Sie machten einen nervösen, aber triumphierenden Eindruck. »Vamanos!« knurrte der Kutscher und schüttelte wütend die Zügel. Der Alte und seine Frau hoben zum Abschied feierlich den Arm und empfahlen mich Gott. Das Mädchen warf einen Stein nach dem Pferd oder nach mir und traf aus Versehen das Pferd, das sich sofort ruckartig in Bewegung setzte. Wir rumpelten polternd den steilen, steinigen Weg hinab, derweil mich die Brüder an den Ellbogen festhielten. Hinter uns thronten weiß und unverrückbar die Pyrenäen, in deren Gipfeln sich das Morgenrot spiegelte. Die Jungen zeigten auf die Berge, rempelten mich grinsend an und bleckten ihre kastanienbraunen Zähne.

Es war ein eisiger Wintermorgen, die Hufe und Räder rutschten auf den spiegelglatten Felsen, während wir ins Tal hinabholperten, hie und da führte unser Weg durch ein schneebedecktes Dorf, das leer und kahl dalag, als sei alles Leben und Lärmen daraus verbannt. Die Stille machte mich frösteln. Es war keine natürliche Stille, kein Vogelzwitschern oder Ziegenglöckchen vermochte sie zu durchdringen. Es war, als habe eine lähmende Seuche den Ort heimgesucht – ein Eindruck, dem ich in den kommenden Wochen noch öfter begegnen sollte. Was ich spürte, war nichts anderes als die betäubende Dumpfheit des Krieges.

Nach etwa einer Stunde erreichten wir eine kleine Stadt

in den Bergen, die noch immer von den Schatten der Felsen erschlagen zu werden drohte. Unter einem riesigen Feuerholzbündel schleppte sich eine gebückte Frau vorbei. Durch ein Loch in der Mauer flitzte eine Katze. Ich bemerkte, daß sich bei den Brüdern eine plötzliche Anspannung und Ängstlichkeit breitmachte, schmallippig und aufrecht wie Salzsäulen hockten sie neben mir. Zwei Milizsoldaten in khakifarbenen Ponchos traten aus einem Toreingang und marschierten vor uns die Straße hinab. Selbst unser Fahrer hob den Kopf und blickte mit gewichtiger Miene um sich. Die Milizionäre führten uns auf einen Platz und hielten vor einem verfallenen Rathaus, an dem das republikanische Banner baumelte. Die Brüder riefen den auf den Stufen hockenden Wachsoldaten etwas zu, bis einer von ihnen aufstand und im Gebäude verschwand. Endlich ein ordentlicher Empfang, dachte ich. Ich sprang vom Karren, und die Brüder folgten. Dann erschienen vier Soldaten mit aufgesteckten Bajonetten.

»Wir haben euch den Spion gebracht«, sagten die Brüder und stießen mich vorwärts. Die Soldaten nahmen mich in ihre Mitte und legten mir Handschellen an.

Man steckte mich in einen Keller und überließ mich zwei Tage mir selbst. Am ersten Tag bekam ich eine Art Suppe, am nächsten vergaß man mich ganz – warten und vergessen waren eine Facette dieses Krieges. Mein Gefängnis war feucht und kalt, die Wände spinnennetzartig von Eisblumen überzogen. Glücklicherweise war ich vom Landleben in England, wo im Winter über

Nacht die Waschbecken einfroren, leidlich abgehärtet. Die Zelle hatte eine merkwürdig schmale, sargähnliche Form, und in die Wände waren Eisenringe eingelassen, wie um sie daran emporzuheben. An der Decke hing eine schwache, vergilbte Glühbirne, Möbel gab es keine; ich schlief auf dem steinigen Fußboden.

Als ich am späten Morgen des dritten Tages noch immer schlotternd und unbehelligt in meiner Zelle lag, begann ich darüber zu sinnieren, was wohl als nächstes geschehen würde. Schließlich entsprach die Begrüßung nicht ganz meinen Erwartungen. Ich war ungeladen und unangekündigt in ein kriegsgeschütteltes Land gewandert, aber statt auf die offenen Arme der Genossen war ich nur auf Mißtrauen und Schweigen gestoßen. Heute wundert es mich, wie wenig die Geschehnisse mich damals überraschten, aber nach kurzer Zeit lernte ich, dergleichen als Naturereignisse hinzunehmen.

Hauptmann Perez entsprach ebenfalls nicht meinen Erwartungen. Er besuchte mich am späten Nachmittag des dritten Tages, ein leises Schlüsselrasseln kündigte sein Kommen an. Vor mir stand kein backenbärtiger Revolutionär, sondern ein schlanker, geschniegelter Dandy, eine elegante, funkelnde Gestalt in taillierter Uniform mit Gürtel, deren Reitstiefel so blank und glänzend poliert waren, als steckten die Beine in Schokoladeglasur. Er lächelte mich von der Tür aus an und reichte mir eine Blechtasse mit Kaffee.

»Haben Sie gut geruht?« fragte er mit sanfter, pelziger Stimme.

Ich setzte mich auf, nahm den Kaffee entgegen und

trank, während er zwei Stühle hereinbrachte, die er einander gegenüberstellte.

»Bitte setzen Sie sich«, sagte er sanft. »Oder vielmehr, stehen Sie auf und setzen Sie sich.« Er lachte kurz und affektiert auf.

Der Offizier hatte anfangs verschlafen und nachlässig gewirkt, aber kaum saß er mir gegenüber, nahm er eine schroffe, nüchterne Haltung ein. Wie, auf welchem Weg und weshalb ich nach Spanien gekommen sei? Als ich seine Fragen beantwortet hatte, schüttelte er bedauernd den Kopf.

»No, señor! Nicht über die Pyrenäen! Nicht mit der ganzen Zirkusausrüstung, die Sie dabei haben. Bücher, Kameras – und eine Violine, gütiger Himmel.« Er legte seine feingliedrige, warme Hand auf mein Knie. »Wissen Sie, was wir glauben, junger Freund? Nicht über die Berge – o nein. Sie sind vom Meer gekommen. Sie wurden von einem Schiff oder U-Boot abgesetzt. Aus Bremen, nicht wahr? Es sollte Sie nicht wundern, daß wir das bereits wissen. Wir wissen sogar, wozu sie hergekommen sind.«

Er lächelte mich voll satter Zufriedenheit an, beantwortete alle meine Beteuerungen und Erklärungen mit ausdauerndem Kopfschütteln und drückte noch einmal freundschaftlich mein Knie.

»Aber Genosse ...«, sagte ich.

»Hauptmann Perez«, korrigierte er mich.

»Wenn Sie mir nicht glauben, sehen Sie doch in meinen Paß.«

»Davon haben wir Dutzende, mein Junge. Alles faule Fische. Wir haben selbst eine kleine Werkstatt, die zwanzig Stück am Tag herstellt.« Er sah mich feierlich an. »Es war die Violine, die uns darauf gebracht hat. Und der deutsche Akzent. Damit machen Sie niemandem etwas vor!«

Er stand auf, ging zur Tür und klatschte kurz in die Hände. Draußen näherten sich schwere Schritte, und in die Zelle stürzten die vier Wachsoldaten, die ich bereits kannte. Sie waren so dick eingepackt, daß der Platz kaum für alle reichte. Redlich darum bemüht, niemanden mit dem Bajonett ins Auge zu stechen, nahmen sie mich leutselig in ihre Mitte.

»Folgen Sie ihnen«, sagte der Offizier. »Sie werden sich um Sie kümmern.« Er trat in den Flur, um uns Platz zu machen. Als wir uns an ihm vorbeizwängten, schlug er zum Abschied die Hacken zusammen – glänzend, gelackt und makellos herausgeputzt, das letzte Exemplar seiner Gattung, das ich in diesem Krieg zu Gesicht bekommen sollte.

Die Wachen führten mich aus dem Gebäude, draußen war es schon dunkel, am Himmel hing eisig der Mond. Die Stadt lag still und leer, finster und verschlossen die Häuser, noch nicht einmal ein Kind oder ein Hund war zu hören. Meine Eskorte schob und zog mich an den Ellbogen voran, die Männer wirkten jetzt ganz entspannt und schnauften und pfiffen vor sich hin. Sie waren alle recht kurzgewachsen, wie Tataren; aus ihren Nasenlöchern stiegen kleine Dunstschwaden auf. Der Kleinste von ihnen spannte sein Gewehr und grinste mich an. »So«, meinte er, »du hast dich ja mächtig ins Zeug ge-

legt, um zu uns zu stoßen! Sollst über die Berge mar-
schiert sein?« – »Stimmt genau«, antwortete ich. »Wir
sind gleich da«, sagte er. »Dann brauchst du nicht mehr
zu marschieren.«

Es war in der Tat nicht mehr weit, am Ende der nächsten
Gasse erreichten wir einen alten Schrottplatz, wo wir
vor einem Loch im Boden stehenblieben. Die Männer
wischten den Schnee beiseite, hoben einen Metalldeckel
hoch und stießen mich in die finstere Höhle. Das Loch
war nicht sehr tief – knapp zwei Meter vielleicht, ziemlich eng, die Wände aus blankem Fels. »Gute Nacht,
Rubio«, riefen meine Bewacher. »Da drunten ist es bestimmt wärmer als in den Bergen. Zumindest bei diesem Wetter!« Über mir wurde der Deckel mit schweren
Eisenriegeln verschlossen. Dann hörte ich die Männer
durch den Schnee davonstapfen und war wieder allein.

Das Loch war unten breiter als oben, und so rollte ich
mich auf dem feuchten, modrigen Stroh am Boden zusammen. Es herrschte völlige Finsternis; durch das Gitter im Deckel konnte ich noch nicht einmal die Sterne
sehen. Ich zog die Knie unters Kinn, hauchte meine Finger an, um sie zu wärmen, und begann über meine Lage
nachzudenken. Meine Verwunderung ob der seltsamen
Ereignisse hielt sich noch immer in Grenzen. Fraglos
und ohne Empörung ließ ich alles mit mir geschehen.
Seit ich in Spanien angekommen war, hatte unerwartet
eine höhere Macht die Kontrolle über mich übernommen, doch wie finster diese Macht war und in welch
ernster Gefahr ich schwebte, war mir zu diesem Zeitpunkt, glaube ich, nicht annähernd bewußt.

Ich wußte, daß ich nicht als einziger zu Fuß über die Grenze gewandert war, um den Republikanern zu helfen. Andere Freiwillige mußten ebenfalls auf eigene Faust und auf ähnlichem Wege nach Spanien gekommen sein – hatte man sie alle in kleine dunkle Löcher wie dieses gesteckt? Handelte es sich vielleicht um eine Art Prüfung, um die Aufrichtigkeit unserer Gesinnung auf die Probe zu stellen?

Ich war hungrig und fror, und inmitten der schwarzen, eisigen Stille kroch langsam die Angst in mir hoch. Nein, dachte ich, dieser Empfang konnte unmöglich der Regelfall sein. Mich zwei Tage im Rathaus schlottern zu lassen, mochte ja noch als Formalität durchgehen. Aber dann kopfüber in diese mittelalterliche Gruft geworfen zu werden, das sah doch eher nach Sonderbehandlung aus.

Dennoch machte ich mir über meine Lage nicht allzu viele Gedanken, ja sie hatte sogar den Reiz eines aufregenden Abenteuers. Ich befand mich in jenem Zustand jugendlicher Verblendung, in dem man nie am eigenen Überleben zweifelt, jenem närrischen Glauben ans eigene Glück und an die Unversehrbarkeit des eigenen Lebens, ohne den Kriege kaum zu führen wären. Ich wähnte das Schicksal auf meiner Seite und berauschte mich an der Verzweiflung, einsam und lebendig begraben zu sein. Doch so makaber die Sache mir damals auch erschienen sein mag, im Grunde hatte ich keine Ahnung, wie nah ich dem Tode wirklich war ...

Tage oder vielleicht auch nur Stunden später hörte ich über mir wieder Fußgetrappel. Die Eisenplatte wurde angehoben, für einen kurzen Augenblick sah ich die Sterne funkeln, dann wurde ein weiterer Gefangener in das Loch gestoßen. »Jetzt seid ihr ein Komitee!« rief eine Stimme von oben, der Deckel wurde wieder herabgelassen und verriegelt, und die Schritte stapften davon.

Wir standen dicht beisammen in völliger Dunkelheit, ein jeder dem anderen ausgeliefert, Zwillingshäftlinge in einer steinernen Gruft. »Das haben sie mir für dich mitgegeben«, sagte der andere, suchte blind nach meinen Händen und gab mir ein Stück trockenes Brot. Der Platz reichte gerade aus, daß wir uns beide hinlegen konnten; ich konnte ihn zwar nicht sehen, aber zumindest wärmte er die Luft. Wir dürften etwa eine Woche in zweisamer Abgeschiedenheit in diesem schwarzen Verlies zugebracht haben, des Nachts kamen die Wachen und öffneten kurz den Schacht, um Brot, wäßrigen Wein und einen Kübel herunterzulassen.

Es war sonderbar, so lange und so nah mit einem anderen Menschen zusammengepfercht zu sein, ohne je sein Gesicht zu sehen. Nach seiner Stimme, seinem Atem und den zufälligen Berührungen seiner Hand zu urteilen, wenn wir Brot und Wein teilten, mußte er noch recht jung sein. Er hatte den frischen und wilden Geruch der freien Natur, ein Duft aus Pinien und Oliven. Ich erinnere mich, daß wir, von außergewöhnlicher Müdigkeit geplagt, die meiste Zeit verschliefen; dazwischen unterhielten wir uns. Er war von der Armee desertiert, schien es jedoch auf die leichte Schulter zu nehmen und amüsierte sich herzlich über unsere spiegelverkehrte Lage. Ich versuchte nach Kräften, an die Front zu kommen, während er alles tat, um ihr zu entrinnen, und da saßen wir nun in ein und demselben schwarzen Loch beisammen. Ich war von Frankreich über die Berge nach Spanien gewandert, und er war auf dem umgekehrten Weg gefangen worden, und höchstwahrscheinlich würden wir beide demnächst erschossen.

Und warum auch nicht? Der Deserteur hatte sich allem Anschein nach bereits in sein Schicksal gefügt. Geduldig und ohne Klage oder Selbstmitleid erläuterte mir der verschlafene Gefährte die Lage. Der Bürgerkrieg tobte seit achtzehn Monaten und ging in einen strengen Winter. Die republikanischen Kräfte befanden sich auf dem Rückzug und konnten sich keinerlei Risiken erlauben. Francos Aufständische waren besser ausgerüstet und hatten mächtige Verbündete im Ausland, während unsere Seite nur über wenige Waffen, wenige Freunde und kaum über Lebensmittel verfügte und mittlerweile gelernt hatte, nur den Toten zu vertrauen. Was sollten sie mit zwei zweifelhaften Charakteren wie uns denn schon tun? Sie konnten es sich weder leisten, uns durchzufüttern, noch, uns frei herumlaufen zu lassen. An den Luxus eines Gerichtsprozesses war überhaupt nicht zu denken. Es schien daher sicherer und schneller, jeden Verdächtigen kurzerhand zu erschießen, das war zwar bedauerlich, aber doch ein unabweisbares Gebot der Stunde.

Mein Gefährte nannte sich Dino, war zweiundzwanzig Jahre alt und stammte aus einem kleinen Dorf in den Guadarramas. Als sein Dorf zu Beginn des Krieges von den Faschisten niedergebrannt wurde, entwischte er

mit seinem kleinen Bruder durch die feindlichen Lini-
en und spezialisierte sich auf Sprengstoffanschläge. Die
beiden arbeiteten allein, und Dino mußte mitansehen,
wie sein Bruder durch einen Kurzschluß in der Zün-
dung in die Luft flog. Er stand in Guadalajara an der
Front, aber er haßte diese Art der Kriegsführung – das
endlose Herumsitzen in Schützengräben, die anschlie-
ßenden Massaker und Paniken —, und so machte er sich
auf den Weg nach Norden, nach Frankreich. Er wurde
zweimal aufgegriffen und war jedesmal entkommen,
aber diesmal, so glaubte er, werde es ihm endgültig an
den Kragen gehen. Er hatte schon zahlreichen Hinrich-
tungen von Gefangenen und Deserteuren beigewohnt
und gab mir einen Vorgeschmack auf die republikanischen Exekutionsgebräuche – lässig, nonchalant, oft-
mals geradezu gutgelaunt. Während ich also mit Dino
im Dunkeln hockte und ihm lauschte, wie er mit seiner
sanften, schnurrigen Stimme die Schreckensszenen
schilderte, fühlte ich meine letzte Stunde allmählich
näher rücken und fragte mich, wer von uns beiden wohl
zuerst drankäme.

Als es soweit war, traf es uns dennoch unvorbereitet; wir
dösten in unserer Gruft vor uns hin, als plötzlich mit
leisem Schwung der Eisendeckel aufgerissen wurde
und eine tiefe Stimme den Namen des jungen Deser-
teurs rief; wir hatten gerade noch Zeit, uns überstürzt
die Hand zu geben.

Während sie Dino an den ausgestreckten Armen aus
dem Loch hievten, sah ich im Mondlicht kurz sein Gesicht aufscheinen. Es war schmal und hohlwangig, hat-

te große, glühende Augen, das lange, spitze Antlitz erinnerte an die Auferstehung eines Heiligen bei El Greco. Schließlich wurde er von zwei dunklen Gestalten durch die enge Öffnung nach draußen gezogen, und der Schacht wurde wieder verschlossen. Ich hörte Gläser anstoßen, ein kurzes, zwangloses Geplauder, Dinos knappes Lachen, einen Pistolenschuß ...

Ich hatte horchend an der Mauer gelehnt, aber kaum war es geschehen, sackte ich auf dem Stroh zusammen. Meine Hand bekam die Mütze zu fassen, die der Deserteur verloren hatte. Sie war noch feucht und warm vom Schweiß seines Kopfes.

Einige Tage später wurde im roten Dämmerlicht des Morgens erneut der Deckel aufgerissen, und eine Stimme rief: »He, Rubio!« Mehrere Arme wurden nach unten gestreckt, um mir herauszuhelfen, Hände griffen nach mir und zogen mich aus der Gruft heraus. Ich hatte weiche Knie, was ich jedoch auf den Mangel an körperlicher Bewegung in den letzten beiden Wochen schob, und das Morgenlicht blendete meine Augen. War die Reihe jetzt an mir? Der Platz glitzerte im Schnee, und man hatte all die improvisierten Vorkehrungen getroffen, die ich mir ausgemalt hatte – ein Stuhl, ein Handkarren, eine Holzkiste, ein schläfriger Offizier mit einer Flasche Branntwein, eine Reihe zerlumpter Soldaten, die betreten zu Boden sahen. Aber das Aufgebot galt nicht mir. Ein anderer junger Mann war auf dem Stuhl festgebunden, rauchte wütend eine Zigarette und plapperte wie ein Papagei.

Mich führte man rasch vom Hof in eine schmale Gasse,
wo neben einem schwarzen, zerbeulten Auto zwei be-
waffnete Wachmänner auf mich warteten. Sie stießen
mich auf die Rückbank und setzten sich zu beiden Seiten neben mich. Vorn neben dem Fahrer saß ein breit-
schultriger Mann mit Hut.

Mit großer Geschwindigkeit fuhren wir aus der be-
drückten, unglücklichen Stadt hinaus in die leere Landschaft, keiner sagte ein Wort. Auf schlechten, holprigen
Landstraßen erreichten wir eine karge Hochebene. Der
Wind blies eine rosafarbene Schneegischt über das Plateau, auf dem vereinzelt Felsbrocken und schiefe Stech-
ginsterbüsche zu sehen waren, und nach und nach hell-
te sich der weite Winterhimmel auf.

Im Wagen wurde es heiß und stickig, und die Soldaten
begannen in ihren schweren, braunen Mänteln zu
schwitzen wie Pferde. Aus ihren Nüstern stoben kleine
Wolken, und von den Nasen tropften glänzende Perlen
auf die Bajonette zwischen ihren Knien.

Meine Bewacher waren ein ulkiges Paar – ein kleiner
Clown mit hellblauem Kinn der eine, ein rosafarbenes,
pausbäckiges Muttersöhnchen der andere. Ich versuchte, ein Gespräch anzufangen, aber keiner von beiden
wollte antworten, statt dessen pfiff der eine vielsagend
durch die Zähne. Wir fuhren so schnell, daß wir in den
Kurven gegeneinanderfielen, aber die Straße blieb
eintönig und leer.

Wohin fuhren wir, und was hatten sie mit mir vor?
Trotz des beharrlichen Schweigens meiner Bewacher
glaubte ich zu wissen, was mir bevorstand. Der Lauf der

Dinge hatte etwas Unabänderliches, konnte weder umgekehrt noch aufgehalten werden; schon ganz zu Beginn mußte ich ein irrwitziges Sprachmißverständnis
verursacht haben, dessentwegen man die naiven Gründe meines Hierseins verkannte. Ich wußte damals noch
nicht, daß unter geeigneten Bedingungen ein jeder von
Schuldgefühlen überwältigt wird.

Am Anfang hatte ich meine unerwartete Verhaftung
noch bereitwillig als militärische Verwechslungskomö-
die akzeptiert, aber mittlerweile fühlte ich mich zu-
nehmend als Opfer einer mysteriösen Intrige und hatte
es aufgegeben, nach einer Antwort zu suchen.

Die aufsteigende Sonne weißte die Felsen, und die
Landschaft wurde blaß wie ein überbelichteter Film.
Neben mir saßen pfeifend die Soldaten, vor mir wortlos der bullige Offizier; ich war mir sicher, daß diese
Fahrt geradewegs in meinen Untergang führte. Als
sich meine Augen an die Helligkeit gewöhnt hatten –
schließlich hatte ich zwei Wochen in völliger Finsternis
verbracht–, nahm die Landschaft allmählich Konturen
an und wurde noch trostloser und grausamer. Dennoch
ist mir niemals etwas kostbarer erschienen als jene vor-
beiziehende Einöde, die wettergegerbte Haut dieser
unersetzlichen Welt, in die hie und da ein Zeichen
menschlichen Lebens eingeritzt war, sei es eine zerfal-
lene Schäferhütte oder ein terrassierter Hügel. Jeder
Atemzug, den ich tat, schien der Ewigkeit abgerungen
und trotz des Gestanks nach verbranntem Öl ein Ge-
schenk, wie es reicher nicht sein konnte. Selbst die beiden bewaffneten Männer, so schäbig und grotesk sie

aussahen, trugen die Züge einer schicksalsträchtigen Macht und Schönheit und hielten, sei es als Beschützer oder Zerstörer, den dünnen Faden meines Lebens in ihren Händen.

Wir waren vielleicht eine Stunde unterwegs, als der Offizier sich plötzlich aufrichtete, mit dem Finger schnippte und wir am Straßenrand anhielten. Gelber Dunst lag über dem toten, eisigen Tafelland, und außer einer kleinen Baumgruppe etwas entfernt war weit und breit nichts zu sehen. Man befahl mir auszusteigen, einer der Wachsoldaten stieß mir sein Gewehr in den Rücken, deutete auf die Bäume und sagte:»Geh!«

Warum hatten sie mich so weit weggebracht? fragte ich mich. Sie hätten ihren Auftrag viel bequemer im Gefängnis erledigen können. Dennoch schien dieser Ort auf einzigartige Weise passend; sie hatten ihn gewiß schon früher benutzt. Der Offizier, der laut hustend und spuckend ausgestiegen war, trat von hinten an mich heran und stieß mich an den Schultern vorwärts. »Na los, Rubio, geh schon«, und zu den anderen gewendet: »Kommt!« Ich richtete mich auf und marschierte los ...

Ich sah den weiten, kalten Himmel und die steinige Ebene und begann, auf die fernen Bäume zuzugehen. Hinter mir hörte ich die Bolzen der Gewehre knacken. Dies mußte der auserwählte Ort sein – das Plateau von Felsen umgeben, der Morgen gerade erst angebrochen, um uns nur menschenleere Stille, das kleine Wäldchen vor uns –, die ideale Umgebung für eine heimliche Hinrichtung oder einen Mord. Durch meine dünnen Schuh-

sohlen spürte ich die scharfen Kanten der Steine. Die
Soldaten hinter mir luden ihre Gewehre durch.

Wenn meine Stunde geschlagen hatte – und ich war mir
sicher, daß nicht viel fehlte –, dann würde ich mich um
keinen Preis umsehen. Mein Plan war einfach. Wenn sie
mir genügend Vorsprung ließen, um das Wäldchen vor
ihnen zu erreichen, dann wäre dies meine letzte Chance – ich wollte es auf jeden Fall versuchen. Der nächste
windschiefe Baum sah aus, als stünde er dort seit tausend Jahren, wie gefrorenes Wachs umflossen die Wur-
zeln den Fels. Die Soldaten hinter mir schnieften. Würde ich es schaffen, bevor sie schossen? Würde ich den
Knall hören, bevor mich die Kugeln trafen? Würde ich
überhaupt etwas hören, bevor es dunkel wurde? Ich
ging langsam, fast tippelnd, um ja keinen Verdacht zu
erregen. Als ich die ersten Bäume erreichte, machte ich
mich zum Endspurt bereit ...

Einer der Soldaten näherte sich von hinten und griff
nach meinem Arm. »Gut, Rubio«, sagte er. »Setz dich!«
Sein Kamerad kauerte bereits unter einem Baum und
öffnete mit seinem Bajonett eine Dose Sardinen. Der
Offizier und der Fahrer, die als Nachhut hinterher-
kamen, gähnten und kratzten sich, und wir setzten uns
in einem Kreis auf den Boden. Sie gaben mir Sardinen
und ein Stück Brot und reichten eine Flasche Branntwein herum, und als ich auf das Essen in meinen Händen sah und dann in die rauhe, friedliche Landschaft,
wurde ich von einem unkontrollierbaren Glücksgefühl
übermannt.

Die Soldaten streckten ihre Beine aus und begannen,

über Fußball zu reden. Der Offizier bürstete seinen Mantel ab und drehte mir eine Zigarette. Mit einer ausladenden Geste deutete er auf die Szenerie, die alten Bäume, die Felsen; dies sei sein Lieblingsrastplatz, sagte er. Sie kämen etwa zweimal die Woche hierher. Ich fragte ihn, wohin wir eigentlich führen.

»Nach Figueras, natürlich«, antwortete er. Sie brächten mich in die Kaserne. »Wir haben gedacht, du würdest lieber fahren als laufen.«

Doch falls ich es genau wissen wolle, im Augenblick sei er noch immer für mich verantwortlich. Aber nur, bis er mich im Hauptquartier der Brigade abgeliefert hätte, dann sei er mich los. Er warf mir einen unauslotbaren, ja beinahe wahnsinnigen Blick zu, seine trüben, blauen Augen wirkten belustigt und kalt zugleich.

Warum hatte er mir das nicht schon früher erzählt? Der Wagen, die bewaffneten Soldaten, der Ausflug in die Bergeinsamkeit. War dies eine weitere Prüfung gewesen oder nur ein dämlicher spanischer Scherz? War er wirklich so harmlos, wie er aussah? Hätte er es genauso lustig gefunden, wenn ich die Flucht ins Wäldchen riskiert hätte? Es besteht jedenfalls kein Zweifel, was dann mit mir passiert wäre.

DIE FESTUNG VON FIGUERAS

Auf dem kahlen, trostlosen Hügel über der Stadt lag einer weißen Akropolis gleich die Festung von Figueras – eine pittoreske Ansammlung von Zinnen und Türmen, umgeben von mächtigen Steinquadern. Die Zugangsstraße war angemessen kahl und abschrekkend, aber nachdem ich das gewaltige eisenbeschlagene Tor passiert hatte, umfing mich eine fast klösterliche Stille. Ja, die Festung, die vor Jahrhunderten zum Zeichen der Macht über Spaniens nördliche Grenzen auf den Fels geschmiedet worden war, wirkte jetzt fast übertrieben pathetisch, als sei ihre Blutrünstigkeit nur vorgetäuscht.

Hier befand sich mein Bestimmungsort, die »Kaserne«, der Sammelpunkt für die Freiwilligen, die aus dem Norden nach Spanien kamen. Meine Eskorte, die nach mehreren weiteren Zwischenhalten zum Auftanken von Pastis oder Branntwein ein wenig aufgetaut war, schien nichts Dringenderes zu tun zu haben, als mich möglichst schnell loszuwerden, und schob mich direkt hinter dem Tor in ein Kabäuschen mit Glasfenster.

»Wir haben euch noch einen gebracht!« brüllte der Offizier für jeden, der es hören wollte. »Ich glaub', er ist Engländer – oder Holländer.« Damit warf er mein Gepäck auf den Boden, klopfte mir auf die Schulter, zwinkerte mir mit schweren Augenlidern zu und verschwand.

Über einen winzigen Schreibtisch gebeugt saß ein Beamter, der mich mit glubschäugigem Gleichmut betrachtete. Dann schneuzte er sich, fragte mich nach meinem Namen und meinen nächsten Verwandten und trug meine Antworten in ein Schulheft ein. Während er schrieb, zeichnete er die Bewegungen der Feder mit der Zunge nach, holte tief Luft und schnaubte in regelmäßigen Abständen. Zuletzt verlangte er nach meinem Paß und warf ihn in eine Schublade, in der ich zahlreiche weitere Ausweise der unterschiedlichsten Farben liegen sah.

»Den bewahren wir für dich auf«, sagte er. »Willst du was zur Prophylaxe?«

Ohne zu wissen, worum es sich handelte, sagte ich versuchsweise ja, und er gab mir eine Tüte voller Präservative, die ich in der Hosentasche verstaute. Dann überreichte er mir eine neue Hundertpesetanote und eine Feldmütze mit Troddel und erklärte: »Du bist jetzt Mitglied der Republikanischen Armee.« Er musterte mich einen Augenblick lang blöde, dann schoß er in die Höhe, hob die Faust und grüßte.

»Willkommen, Genosse!« rief er. »Du wirst hier nicht lange bleiben. Sobald wir einen Konvoi zusammengestellt haben, bringen wir dich weiter. In der Zwischenzeit wirst du ausgebildet, politische Erziehung, solidarische Diskussionen, viel zu tun. Vorbereitung auf den Sieg. Geh zum Arzt. Wegtreten!«

Er sprach mit einem merkwürdigen Akzent. Es hätte
Katalanisch oder Französisch sein können. Er schob mit
dem Fuß mein Gepäck herüber und wandte sich ab. Ich
hob meine Sachen auf und ging auf den Hof.

Es war um die Mittagszeit, die schwache Wintersonne
verfing sich in den Bergen am nördlichen Horizont wie
in zerbrochenem Glas, jeder Gipfel gleißte in blauem
und weißem Licht. Zum Süden hin senkte sich das Land
in unbewegten Wellen ab, im Osten lag die veilchen-
blaue See. Nach den zwei Wochen unter der Erde brannte mir das Licht in den Augen, und ich brauchte geraume Zeit, um mich an den Anblick zu gewöhnen und die
unermeßliche und berauschende Offenheit und Weite
scharf zu erkennen. Festung und Innenhof schienen in
der klaren blauen Luft zu schweben, als würden sie von
unten in den kalten Himmel gedrückt. Ich fragte mich
nicht mehr, weshalb ich doch noch hier eingetroffen
war, sondern gab mich einfach dem magischen Moment meiner Ankunft hin.

Der Hof war von kahlen, weißgetünchten Mauern umgeben, auf dem reihum Töpfe mit erfrorenen Geranien
standen. Vielleicht dreißig oder vierzig Männer lunger-
ten am Fuß der Mauer herum, redeten und rauchten
oder nagten an einem Kanten Brot. Es war ein zerlumpter Haufen in einem recht sonderbaren Kleidersorti-
ment – manche (wie ich) in Zivilkluft, manche wie die
Berber unter langen Umhängen verborgen oder wie die
Tropenjäger in schicken Jacketts, andere wiederum
reckten den Kopf durch ein ausgefranstes Loch in der
Mitte einer alten Armeedecke.

Ich setzte mich zu einer kleinen Gruppe und wurde auf englisch von einem Burschen angesprochen, der sich Danny nannte. Danny, ein spindeldürrer Londoner, bestand hauptsächlich aus Haut und Knochen, war von kleiner, gebückter Statur und hatte rotgesprenkelte Hände. Er war zweiundzwanzig, arbeitsloser Hafenarbeiter aus Bermondsey und wirkte unterernährt und zerbrechlich; wenn er sich bewegte, flatterten seine Gliedmaßen wie lose Tapeten in einem verlassenen Haus.

»Wir ham's geschafft, was?« stieß er unaufhörlich unter schnaubendem Kichern hervor. Wieder und wieder. Er beäugte erst mich, dann die großartige Bergszenerie und hielt dabei seine knochigen Knie mit den Händen umschlungen. »Meinten, ich würd's nie schaffen – die Kumpels. Auch meine Alte. Was würden sie jetzt dazu sagen? Ich bin hier, oder vielleicht nicht?«

Er ballte seine winzigen Hände zu Fäusten und schaute sich zitternd um. Aus dem schmalen, traurigen Mund entwich ein kraftloses Zischen. »Ham wir's doch geschafft, was? ... Was, Doug? Ham wir doch?« Er wandte sich dem Mann zu, der neben ihm hockte. »Und nu ist noch einer gekommen, was?« und deutete mit dem Finger auf mich. »Sie kommen in verdammten Scharen.«

Der Schotte sah mich ausdruckslos an, als hätte er seine Zweifel, daß ich von großem Nutzen sein könnte. Sie waren seit einer Woche in der Kaserne und zeigten beide eine merkwürdige Mischung aus Draufgängertum und Befremden, doch die Verachtung, mit der der Schotte seine Umgebung strafte, hatte auch profanere Gründe.

»Sieh dir diesen Scheißer an«, sagte er und zeigte mit dem Finger auf Danny. »Der kann noch nicht mal ein Gewehr von 'ner Steinkeule unterscheiden. Wenn das alles ist, was wir zu bieten haben, dann gnade uns Gott.« Danny erstarrte und warf ihm einen verkniffenen Blick zu.

»Aber wir ham's doch geschafft, oder nicht?« protestierte er.

Tatsächlich – wir hatten es geschafft. Danny zeigte auf die anderen, die im Hof saßen oder standen, Karten spielten, einfach nur vor sich hin pfiffen oder in die Ferne starrten, manche auch, des ewigen Wartens müde, am hellichten Tag in tiefen Schlaf gesunken. Von überallher seien sie gekommen, meinte Danny: Holländer, Deutsche, Polen. Exilanten aus Paris, ein paar Gauner auf der Flucht aus Marseille, junge Burschen aus den walisischen Talschaften, Bergmänner aus Durham, Katalanen, Kanadier, Amerikaner, Tschechen und ein halbes Dutzend bleicher, wortloser Russen.

Die Waliser standen in Grüppchen beisammen und sprachen Gälisch. Die Bergleute aus Durham beklagten sich über das Essen. Der Schotte, der irgendwo eine Flasche Brandy aufgetrieben hatte, näherte sich lallend dem Gipfel olympischer Verachtung.

»Wir müssen den ganzen Haufen in die Pfanne haun«, knurrte er. »Ihnen 'ne politische Lektion erteilen. Oder sie ausradieren. Das isses, was wir zu tun ham.«

»Der ist so besoffen«, sagte Danny, »daß er noch nicht mal weiß, auf welcher Seite er steht – stimmt's, du gottloser Bastard?«

Zwei junge Männer in dunklen Anzügen hatten Quadrate in den Sand geritzt und spielten mit Kieselsteinen Schach. Sie machten einen ernsten und sorgenvollen Eindruck und warfen Doug mißbilligende Blicke zu. Sie unterhielten sich steif im Ton von Büroangestellten.

Das alles entsprach erneut nicht ganz meinen Erwartungen. Ich hatte mir eine Armee vorgestellt, in der wir brüderlich Schulter an Schulter kämpften, eine tapfere Kameradschaft, durch das gemeinsame Ziel geeint, nicht über den ganzen Hof verstreute Grüppchen von bleichen Patrioten, die sich nicht miteinander unterhielten. Ja, wenn es eine Gemeinsamkeit gab, so bestand diese eher in einem wechselseitigen Unbehagen, in ihrem Mißtrauen, ihrer Vorsicht, wenn nicht sogar Abneigung gegeneinander.

Ich ließ Danny und Doug sitzen und schlenderte über den Platz, als täte ich seit Wochen nichts anderes. Doch das Verhaltensmuster, das ich an diesem ersten Vormittag bemerkte, änderte sich während meines ganzen Aufenthalts nicht. Die französischen Ganoven hockten gleichgültig und mißmutig in der Ecke. Die Polen sonnten in fürstliches Schweigen gehüllt ihre Wangenknochen. Die Tschechen kritzelten Pamphlete, die sie einander zur Korrektur weiterreichten, während die Russen wie Zauberkünstler auf mysteriöse Weise vor einem auftauchten und wieder verschwanden. Die Briten spielten Karten und fluchten.

Alles in allem waren wir ein schwer einzuordnender Haufen von jungen Männern mit den unterschiedlichsten Motiven und Launen, der darauf wartete, seinen

Mut für einen neuen Glauben zu beweisen. Festung und
Innenhof waren unser Sprungbrett – ein von der bleichen Sonne beschienenes Rechteck inmitten der schnee-
versunkenen Landschaft.

Wie wir alle dorthin gelangt waren? Manche waren mit
dem Schiff, manche mit illegalen Pendelzügen aus
Frankreich gekommen, aber die meisten wurden von
Perpignan aus auf Lastwagen eingeschmuggelt. In meiner eigenbrötlerischen Ignoranz hatte ich von diesen
wohlorganisierten Freiwilligentransporten von London
über Paris nach Spanien nichts geahnt – weshalb ich
den dämlichen Fehler beging, auf eigene Faust einzu-
reisen, und dies noch dazu mitten im Winter. Dennoch
war mein Vorrücken, wie ich später erfahren sollte,
durchaus nicht unbemerkt geblieben. Schon in Frankreich wurde ich beobachtet, auf dem ganzen Weg, seit
ich Perpignan verlassen hatte. Zwar erlangte ich in dieser Hinsicht niemals endgültige Gewißheit, aber wenn
es denn so war, rettete mir dieser Umstand vermutlich
das Leben.

Etwa um ein Uhr Mittag trommelte jemand mit einem
Stock auf eine Tonne, und wir stellten uns in einer langen Scheune an, um Essen zu fassen. Einige alte Weiber
teilten Blechnäpfe und Löffel aus und schöpften Bohnensuppe aus einem Kessel. Heiße, dicke Bohnensuppe
mit einem interessanten teerigen Beigeschmack, doch
für mich nach zwei Wochen zehrenden Hungers im
Erdloch die üppigste Köstlichkeit.

Ich merkte wieder einmal, wie sehr der Hunger den

Appetit beflügelt und die Wahrnehmung schärft, insbesondere den Geruchs- und Geschmackssinn, und während jedem dampfenden Löffel Suppe registrierte ich zugleich den Schmutz auf dem ungeschrubbten Eßtisch, den Rost an meinem Blechnapf, die gefrorene Landschaft draußen, ja die Feistigkeit jeder einzelnen Bohne in meinem Mund.

Jede Mahlzeit wurde zu einem Festschmaus, als befänden wir uns in einem Flüchtlingslager oder eher noch in einer offenen Haftanstalt. Die Männer saßen mit gebeugten Köpfen dicht nebeneinander und löffelten emsig ihre Suppe, manchmal stolperte einer durch die Reihen, um noch etwas Brot aufzutreiben; trotz ihres zerlumpten, unrasierten Äußeren waren alle leidlich gut gelaunt, doch niemand zeigte das Feuer und die Leidenschaft, die meiner Ansicht nach angebracht gewesen wären. Wie es schien, lösten sich die Landsmannschaften zu den Mahlzeiten auf – mit Ausnahme der Franzosen und Russen, die wie wortkarge und auf Abgrenzung bedachte Offizierskader gemeinsam Platz nahmen, aufstanden und umhergingen.

Als wir mit dem Essen fertig waren, gesellte ich mich draußen zu einem Grüppchen von Männern, die im Schneidersitz in der schwachen Nachmittagssonne hockten – Doug, Danny, ein Holländer namens Ulli und Ben Shapiro, ein quirliger Jude aus Brooklyn. Wir lehnten uns steif an eine Reihe geweißter Ölfässer, und wer einen Mantel besaß, mummelte sich ein.

Erst saßen wir schweigend und regungslos da. Es war offenbar keinerlei Drill oder militärische Ausbildung vorgesehen. Niemand, der auch nur den Anschein von Autorität erweckte, kam uns nahe.

Doug sagte: »Ich bin jetzt zehn Tage hier und hab noch kein Gewehr in der Hand gehabt.«

»Ich hab noch nicht mal eines gesehen«, sagte Ulli.

»Wär' auch zu gefährlich, sie in der Gegend rumliegen zu lassen, wenn Leute wie du in der Nähe sind«, konterte Doug.

»Zu Hause hab ich fünf davon«, erwiderte Ulli. »Für die Entenjagd. Wenn ich gewußt hätte, daß man hier welche braucht, hätt' ich sie alle mitgenommen.«

Wir saßen noch ein Weilchen tatenlos herum, bis wir zum Vortrag eines rosigen Belgiers gerufen wurden, der unter einem langen schwarzen Regenmantel steckte. Mit Hilfe zahlreicher Landkarten und Parolen führte er stichhaltig den Beweis, daß Franco den Krieg schon so gut wie verloren hatte, doch danach verlief der Vortrag aufgrund mangelnden Interesses allmählich im Sande.

»Morgen ist politische Erziehung dran«, verkündete er. »Jetzt habt ihr frei. Ihr könnt in die Stadt gehen. Klasse weggetreten!« Und er sammelte seine Karten ein und ging.

Ein halbes Dutzend von uns schlenderte durch das Festungstor nach draußen. Der Wachposten hatte sein Gewehr an die Mauer gelehnt und spielte auf der Straße mit den Kindern; als wir vorbeigingen, erhob er kurz die geballte Faust.

Figueras mußte einmal eine schöne Stadt gewesen sein, mit geordneten Gassen, hübschen Häusern und offenen Plätzen, die abends zum Flanieren einluden. Durch

den Krieg wirkte sie welk und ausgestorben, von einer
Schicht grauen Elends überzogen, noch nicht einmal in
den Fenstern spiegelte sich das Licht. Die anbrechende
Dämmerung brachte eine unnatürliche Stille mit sich,
als habe sich alles Leben verkrochen.

Unten am Bahnhof standen ein paar niedrige Tavernen,
schmucklos und kalt und mit glitschigem Fußboden.
Doug und Ulli führten mich erst in die eine, dann in die
andere, wo man sie offensichtlich schon kannte, denn
die buckligen alten Frauen hinter dem Tresen schlugen
bei ihrem Anblick die Hände über dem Kopf zusammen.
Es war nicht die Art von Taverne, die ich in Erinnerung
hatte – weit und breit keine großen schwitzenden Wein-
fässer und keine glänzenden Bouteillen mit posieren-
den Stierkämpfern auf dem Etikett. Soweit ich sah, gab
es überhaupt nichts zu trinken, und so verlangte ich in
der zweiten Kaschemme einen Kaffee und bekam ein
Glas heißen, braunen Schlamm vorgesetzt, der verdächtig nach Leder und Rost schmeckte.

»Laß steh'n«, sagte Doug, »und komm mit uns.« Wir stiegen ein paar Stufen in einen schwach beleuchteten Keller hinab, dessen Wände mit anarchistischen Plakaten
zugekleistert waren – kraftstrotzende Bilder von Fratzen und Fäusten, verachtungsvoll aufgerissene Münder,
die nach Freiheit schrien, hoch aufgereckte Gewehre,
Fahnen und Banner mit wogenden Parolen, all das in
einfachen, knalligen Farben.

Als wir eintraten, wandte uns ein dünner Greis in der
Ecke den Rücken zu und beugte sich weit vornüber, um
etwas unter seinem Mantel zu verstecken. Wir hörten

ein kurzes Flattern und Gackern zwischen seinen Beinen, offenbar versuchte er verstohlen, ein Huhn in einen Sack zu stecken.

»Na, Josepe«, sagte Ulli, während er den Keller durchstöberte. »Wo ist er? Raus damit, Mann!«

»Schon gut«, fauchte der Alte. »Bei Gott, schon wieder der Franzose! Warum gehst du nicht zurück in dein Land?«

Der eine auf spanisch, der andere mit finsteren schottischen Flüchen, begannen Ulli und Doug den Alten zu drängeln und zu triezen, bis er klein beigab und quer durch den Raum schlurfte. Er murmelte etwas von fremden Übeln und dem Fluch des Krieges, wühlte unter einem Haufen Sackleinen und brachte einen Ballon aus fleckigem Ziegenleder zum Vorschein.

Wir setzten uns auf den Boden und ließen die Flasche kreisen. Es war ein beißender, scharfer Landbranntwein.

Josepe hielt immer noch das zappelnde Huhn unter seinem Mantel verborgen und sah uns mürrisch beim Trinken zu. Der schwarze Fellbeutel roch stark nach Ziege und Harz, der Schnaps nach bitteren Ölen. Aber er brannte in der Kehle und wärmte die Seele – genau das, was die drei Männer auf dem Kellerboden brauchten.

»Ein gesegneter Ort«, grunzte Doug und wischte sich den Mund ab. »Hier möcht ich nicht mehr weg – niemals.«

Plötzlich kam Danny auf kleinen Spinnenfüßen geräuschlos die Treppe herunter; er bohrte in der Nase und sah sich entschuldigend um.

»Wer hätte das gedacht?« kicherte er. »Ham wir's wieder mal geschafft, was? Noch ein Schlückchen über für mich? Nichts für ungut, Leute.«

Doug blickte ihn mißmutig an, reichte ihm aber den Branntwein. Danny nickte jedem von uns kurz zu und trank.

Kaum einige Tage in Spanien, um für die Freiheit und die gute Sache einzutreten, hockten wir im Keller einer katalanischen Taverne auf dem Boden, schikanierten einen trotteligen alten Greis und ließen uns vollaufen.

Als wir die dritte Ziegenhaut geleert hatten, bettelte der Alte jammernd um Bezahlung, und Doug überreichte ihm eine druckfrische Hundertpesetanote.

»Nein, nein!« wimmerte Josepe, indem er das Geld zurückwies.

»Gutes republikanisches Geld«, sagte Doug und drückte ihm die Note in die Hand. »Nimm, Mann – 's ist der Sold eines Soldaten.«

Der Alte zog die Knie hoch, zischte und quengelte und drohte Doug schließlich mit seinen winzigen Fäusten.

»Nein, nein!« heulte er. »Ich ertrag es nicht mehr! Carmelita! Eulalia! Kommt her!«

Eine schlanke Figur glitt leicht wie ein Windspiel die Kellerstufen herab. Der Greis streckte seine zitternde Hand aus und griff nach der Schulter des Mädchens; unterdessen befreite sich das Huhn aus dem Mantel und flatterte gegen die Wand.

»Wo hast du gesteckt, du Hure?« knurrte er und kniff ihr brutal in den Arm. »Warum hast du mich wieder mit den Franzosen allein gelassen?«

Sie drehte den Kopf zu uns herüber.

»Gebt ihm irgend etwas«, flüsterte sie. »Gürtel, Schal, Zigaretten – ganz egal. Aber schnell, er wird böse.«

Das Mädchen trug die enge schwarze Kleidung der Frauen vom Dorfe und hatte schmale indianisch-spanische Augen. Sie schob den Greis die Treppe hinauf und beschwor ihn, ins Bett zu gehen. Doug, Ulli und Danny folgten ihm singend und lallend nach und drängten ihn weiter voran.

Durch ein Oberlicht schimmerte die Glut des Wintersonnenuntergangs, und durch den scharfen Geruch des Branntweins hindurch witterte ich etwas Sanfteres, Sinnlicheres. Das Mädchen kauerte tief im Schatten, sie hatte ihr Kleid geöffnet und goß Branntwein über die nackte, blutunterlaufene Schulter.

Mit ihren langen braunen Fingern rieb sie den Alkohol ins Fleisch ein, während sie mich gleichzeitig mißtrauisch beobachtete. Ihre Augen glitzerten wie farbige Murmeln in der untergehenden Sonne. Oben hörte ich die Jungs zu einem alten Akkordeon stampfen und singen. Aber es war mir unmöglich, nach oben zu gehen. Ich war hier unten gefangen, gefangen von diesem Ort, von diesem Keller, betört vom Geruch des Branntweins und dieses geschmeidigen, animalischen Mädchens.

Sie streichelte, ja leckte mit katzengleich gebogenem Nacken und herabgesenktem schwarzem Haupt ihre Oberarme. Sie hob ihre Augen, und wir starrten uns an, bis ich mich neben sie setzte. Wortlos reichte sie mir die Branntweinflasche, wandte mir ihre nackte Schulter zu

und wartete. Ihre Haut war von kleinen violetten
Flecken übersät, die sich am Rücken unter dem Kleid
fortsetzten. Ich goß mir ein paar Tropfen Branntwein in
die Hand und begann, ihn verlegen auf ihrem feuchten,
warmen Fleisch zu verteilen. Das Mädchen richtete sich
auf und seufzte, dann schaukelte sie mir entgegen und
verwob mich in ihre Bewegungen.

Das ausgefranste schwarze Kleid hatte sich an den
Schultern gelöst und gab meinen unbeholfenen Fingern ruckweise nach. Die Augen des Mädchens fixierten
mich ungeduldig und gespannt. Mit einer leichten
Schulterbewegung bot sie mir mehr Haut zur Linde-
rung an. Ich verteilte mehr Branntwein auf meinen
Händen. Langsam ließ sie sich auf das Sackleinen zu-
rücksinken, und meine Berührungen folgten ihr. Die
Jungs droben sangen »Home on the Range«.

Bis auf den raschen, unterbrochenen Atem gab sie
keinen Laut von sich. Das rote Tuch der untergehenden
Sonne bedeckte ihren Leib. Ihr schmaler Tänzerinnen-
körper war nun fast bis zum Bauch entblößt und of-
fenbarte die zerbrechliche Feinheit einer persischen
Miniatur. Es schien, als wolle sie mir, einem perversen
Impuls folgend, sowohl ihre Schönheit als auch deren
Makel zeigen. Vielleicht war es ihr auch einfach egal. Sie
nahm meine Hände und hielt sie einen Augenblick fest.

»Franzose«, sagte sie mit belegter Stimme.

»Engländer«, erwiderte ich steif.

Sie zuckte mit den Achseln und flüsterte mir im Plau-
derton eine Belanglosigkeit ins Ohr – nein, kein Katalanisch, sondern reines Andalusisch. Finger und Dau-

men schlossen sich wie Fesseln um meine Gelenke. Die schnelle Drehung einer Schlange, und ihr Körper begegnete meinem.

Das Rechteck des Sonnenuntergangs war bereits weitergezogen und erloschen, als wir sanft keuchend nebeneinander lagen, unsere Kehlen eine trockene Wüste. Ich nahm einen Schluck aus dem Ziegenbeutel und reichte ihn weiter. Sie schüttelte den Kopf und schmiegte sich an mich, als wolle sie mich warm halten. Gerade noch hatte sie vor Angst gejapst und gewimmert. Jetzt blickte sie mir mütterlich in die Augen.

»Mein kleiner blonder Mann«, sagte sie zärtlich. »Und so jung.«

»Wie alt bist du denn?« fragte ich.

»Fünfzehn ... sechzehn – wer weiß?« Obschon halbnackt, setzte sie sich plötzlich auf, ihre zarten, mißhandelten Schultern stolz in die Höhe gereckt.

»Ich bring ihn um.«

»Wen?«

»Den Alten. Den Großvater. Er behandelt mich schlecht ...Ich danke Gott für den Krieg.«

Das Huhn, das sich plusternd in eine Ecke verkrochen hatte, schien nun zu schlafen. Das Mädchen wandte sich um und wischte hastig meine Kleider ab, dann machte sie sich selbst sauber und zog ihr Kleid über die süßen, schlanken Glieder. Sie griff nach ihrem langen, offenen Haar und band es zu einem glänzenden Knoten. Das Stampfen und Singen oben hatte aufgehört.

Ich war erstaunt, wie einfach diese heimliche Stunde gewesen war, ein samtenes Portal, das sich geöffnet und geschlossen hatte. Eulalia gehörte nicht zu jener Sorte spanischer Mädchen, die ich von früher her kannte – nicht zu jenen lauten, aalglatten Jungfrauen, die von der sicheren Bastion oberer Stockwerke aus mit den Passanten flirten oder Arm in Arm mit anderen Mädchen geräuschvoll durch die Gassen ziehen, sinnlich, keck, selbstsicher mit ihren Reizen spielend, aber zutiefst verängstigt, sobald sie mit einem Mann allein sind.

Eulalia mit ihrem kühnen Hals und ihren schönen Schultern besaß eine stille Würde und Anmut. Auch eine Lüsternheit, die so plötzlich und unerwartet hervorbrach, daß sie mir wie eine Lüsternheit wider Willen vorkam. Oder die, wenn nicht gewollt, durch aufgezwungene Gewohnheit und Maßregelung zu einer zweiten Natur geworden war.

Während sie in ihre löchrigen Pantoffeln schlüpfte, erzählte sie mir, sie werde nicht lange in Figueras bleiben. Sie komme aus dem Süden – sie wußte nicht woher – und habe hier als Hausmagd gearbeitet, seit sie zehn war. Früher hätte sie hier bleiben müssen, bis Körper und Geist verbraucht gewesen wären, als sexuell mißhandelte Privatschlampe eines alternden Dienstherrn, die, wenn sie nicht auf seinem Zimmer gebraucht wurde, unter der Treppe zu schlafen hatte. Damit sei es nun ein für allemal vorbei, jetzt sei sie frei zu tun, was sie wolle. Spanien habe sich verändert, und das neue Land wisse Besseres mit Mädchen wie ihr anzufangen. Sie brauche nicht mehr bei diesem brutalen Schwein von Gastwirt zu bleiben. Sie werde nach Madrid gehen und in die Armee eintreten.

Es war dunkel und kalt geworden im Keller. Plötzlich wandte sie sich um und umarmte mich, die heißen, dünnen Arme fest um mich geschlungen.

»Franzose!« flüsterte sie. »Endlich hab ich meinen Bruder gefunden.«

»Engländer«, sagte ich, während sie bereits entschwand.

Am nächsten Morgen erlebte die Kaserne einen Anfall von militärischem Eifer. Kurz nach der Morgendämmerung versammelten sich über den Hof verstreut kleine Komitees. Der – mir völlig unbekannte – Kommandant stapfte in scheckigen Reitstiefeln und mit wehendem Cape zwischen den Grüppchen hindurch und grüßte uns mit verlegener Jovialität.

Per Abstimmung wurde entschieden, daß wir heute exerzieren und trainieren sollten. Jemand blies in ein Signalhorn. Die Männer spazierten über den Übungsplatz und stellten sich in Reihen auf. Andere liefen davon, weil sie die Fanfare für ein Signal zum Rückzug oder für einen Luftalarm hielten.

Die Zurückgebliebenen marschierten auf und ab, schrien sich gegenseitig Befehle zu, formierten sich in Dreier- und Vierergruppen, rannten im Laufschritt übers Karree, stürzten zu Boden, zogen sich zurück, standen still, debattierten und marschierten zu guter Letzt aus unterschiedlichsten Richtungen am Kommandanten vorbei, während er, auf einem Schemel stehend, salutierte.

Wir waren ein ungleicher Haufen; groß und klein, die meisten jung, hohlwangig, zerlumpt und blaß, Söhne

eines gepeinigten und krisengeschüttelten Europa.
Aber so ungeordnet wir auch umhermarschierten, aus
unseren Augen blitzte doch eine wachsende Entschlossenheit. Wir versuchten, unseren Mut in eine militärische Form zu bringen; einmal kamen wir tatsächlich
beinahe in Reih und Glied zusammen, und während
wir mit erhobenen Fäusten am Kommandanten vorbei-
rauschten, schwellte sich die Brust, die Kehle verengte
sich, und wir fühlten uns alle als Helden und Krieger.
Selbst die Tschechen und Russen konnten sich dieser
Aufbruchstimmung nicht entziehen und lächelten einander flüchtig an.

Nachdem wir brüderlich gelobt hatten, der gemeinsamen Sache mit Leib und Leben zu dienen, hielten wir
am Nachmittag in der Kantinenscheune eine große Ver-
sammlung ab, um uns mit taktischer Kriegsführung zu
beschäftigen. Mehrere Gruppen saßen um die Tische
herum und simulierten mit Dominosteinen Schlacht-
aufstellungen. Eine militärische Übung wurde ange-
regt, der Vorschlag vielfach begrüßt und wieder vergessen. Ein Russe malte mit Kohle Pfeile auf die getünchte
Wand – sie gingen alle von Figueras aus und wiesen
nach Osten, nach Hause.

Doug ging geschäftig ein und aus; er trug eine neue
Lederjacke und instruierte einen kleinen Franzosen,
der unter einem Helm aus dem Weltkrieg steckte. Es
lagen ein ungewöhnlicher Tatendrang und eine wilde
Entschlossenheit in der Luft, und zum ersten Mal seit
meiner Ankunft hörte ich Kraft in den Stimmen der
Männer.

»Haben sie's dir nicht gesagt?« bellte Doug, nachdem er sich forsch an meinem Tisch aufgebaut hatte, sein schwerer schottischer Akzent von den Kadenzen einer Kadettenanstalt überlagert. »Heut nachmittag gibt's eine Übung. Antreten punkt 14 Uhr. Und besorg dir 'ne anständige Uniform, du englischer Waschlappen.«

Wir versammelten uns auf dem Hof, wo uns ein eisiger Wind um die Nase pfiff, und erhielten lange Stöcke anstelle von Gewehren. Wir sollten eine feindliche Maschinengewehrstellung angreifen, die sich oben auf dem Hügel verschanzt hatte; eine frontale und eine flankierende Attacke auf kahlem, ansteigendem Boden. »Das Überraschungsmoment und unsere Entschlossenheit werden dem Angriff zum Sieg verhelfen«, erklärte der Kommandant. »Geschieht andauernd.«

Wir rannten auf und ab, spielten mit den Steinen Fußball und wechselten nach Belieben den Zug. Es wurden widersprüchliche Befehle gebrüllt, wir folgten dem lautesten und stürmten über die Mauer den Berg hinauf. Oben am Hang hörten wir die Maschinengewehre knattern – es war der Feind, der mit Stöcken auf rostige Ölfässer trommelte.

Auf halbem Wege hielten wir inne. »Na los, greift an!« schrie jemand. Wir blieben unschlüssig stehen und wußten nicht, was wir tun sollten. Dann warf sich vor uns einer auf den Boden und begann, auf dem Bauch nach oben zu robben. Wir taten es ihm alle nach, was anfangs durchaus Spaß machte, aber nach einer Weile besannen wir uns eines Besseren. Es schien uns eine zu langsame, unbequeme, schmutzige und öde Methode des Fortkommens. Manche fluchten, und in meiner Nähe hörte ich jemanden »beschissener Scherz« brummen. Also richteten sich einige wieder auf und gingen zu Fuß weiter. Oben war noch immer das Knattern der Ölfässer zu hören, während wir munter den Berg hinaufspazierten. Inmitten der Felsen, am in die Luft gereckten Hintern kaum zu erkennen, brüllte Doug: »Kopf runter, ihr dämlichen Arschlöcher!« Weit hinter uns robbten zur Rechten wie zur Linken die anderen in Reih und Glied den Berg herauf. Es wirkte so echt, daß auch ich mich wieder fallen ließ und den Stiefeln meines Vorgängers hinterherkrabbelte.

Als wir uns der Kuppe näherten und das Sperrfeuer der Ölfässer immer lauter wurde, brüllten unsere Anführer: »Vorwärts! Adelante! Feuer!« Wir sprangen auf, rannten die letzten Meter und warfen uns mit furchterregendem Gebrüll auf die Trommler hinter den Ölfässern, die sich kichernd und mit erhobenen Armen ergaben.

Zwanzig Minuten lang einen offenen, ungedeckten Hügel hinaufgekrochen und -geschlendert, und schon hatten wir eine Maschinengewehrstellung eingenommen, und das ohne die geringsten Verluste. Unser Geschrei verstummte; es war ein überwältigender Sieg. Echte Gewehre hätten uns samt und sonders den Garaus gemacht.

Wir beendeten das Training des Tages mit einer raffinierten Panzerabwehrübung. Einer deckte einen Kinderwagen mit einem Öltuch zu und drehte damit im Hof seine Runden, während wir aus den Türeingängen mit Flaschen und Pflastersteinen danach warfen. Der Mann hinter dem Kinderwagen war Danny aus London. Er wurde wütend, als er von einer Flasche getroffen wurde.

Am nächsten Tag überbrachte mir ein Kind gegen Abend eine Nachricht, und sobald ich frei war, stahl ich mich in die Stadt hinunter. Diesmal war ich allein, aber mein Weg führte mich nicht direkt zu Josepes Spelunke, sondern zuerst in eine alte Weinbar weiter oben, unweit der Plaza. Der erste Mensch, den ich dort sah, war der giraffenhalsige Franzose, der mich über die letzte Pyrenäenkette geleitet hatte. Es war ein wortkarger, barscher Geselle. »Ich mach das nicht für jeden«, hatte er mir zugeraunzt. »Brauchst gar nicht meinen, wir veranstalten hier Bergtouren für jedermann.« Doch genau dies schien er zu tun, wie ich nun unschwer erkannte. Mit Beret und Lederjacke, noch immer einen Schal um den langen Hals geschlungen, stand er inmitten der Bar und redete mit einer Gruppe hutloser junger Männer, die alle ein wenig verwirrt dreinschauten und kleine Bündel bei sich trugen. Er paffte in schnellen Zügen, die Augen rege und wachsam, und schien sich seiner Schützlinge mit besonderer Sorgfalt anzunehmen. Er reichte jedem von ihnen eine französische Zigarette und schob sie dann zur Tür. Er selbst trug einen neuen Mantel sowie blankpolierte Schuhe und hatte ganz offenbar schon geraume Zeit keinen Gebirgspaß mehr überschritten. Vielleicht hatte er seine kleine Gruppe mit dem Laster über die Grenze spediert. Als er hinausging, stieß er mich aus Versehen an, sah mir für einen Augenblick in die Augen und dann mitten durch mich hindurch ...

Ich ging im eisigen Regen die Straße hinab und fand Felipes Bar verschlossen und dunkel. Durch einen Spalt im Laden erkannte ich im Kerzenschimmer ein paar alte Frauen, die eine schwarze Kiste umringten. Auf der Theke lagen zerborstene Flaschen, und über dem Spiegel dahinter hing Trauerflor. Ich fragte mich, wer mir wohl die Botschaft in die Kaserne geschickt hatte und warum. Knapp genug war sie ja gewesen. Der Junge hatte sich einfach hereingeschlichen und mich gefragt, ob ich »Lorenzo der Franzose« sei; dann hatte er mir zugeraunt: »Du mußt zu Felipe herunterkommen.«

Ich klopfte an die Tür, und sofort kam eine der Frauen, um mich einzulassen. Sie fragte mich, wer ich sei, und ich gab Auskunft. »Wo ist Don Felipe?« wollte ich wissen. Sie bleckte ihr Zahnfleisch und wies mit dem Zeigefinger auf die offene Kiste. »Bäng! Ab zu den Engeln.« Und tatsächlich, da lag er, sein Gesicht glänzte schwarz wie ein Stück Kohle. »Bäng!« kicherte die Alte erneut und bekreuzigte sich. »Gott vergib ihm.«

»Wo ist Eulalia?« fragte ich. »In einem Camión auf und davon«, sagte sie. »Vor einer Stunde. Weit fort ...« Mehr war aus ihr nicht herauszubekommen, nur, daß der Alte erschossen worden war und daß der schamlose Kerl es ihrer Ansicht nach nicht besser verdient hatte.

Es roch nach dem heißen Schweineschmalz der Kerzen, und ein Blick in die todesfrohen Augen der Alten reichte, um mich darüber zu belehren, daß hier keine Totenwache oder Trauerfeier abgehalten wurde, sondern daß die Frauen die Stunde priesen, in der diese Last von ihnen gewichen war. Mir dämmerte auch, daß meine kaltblütige kleine Tänzerin Eulalia mich hatte holen lassen, um mir die Tat zu zeigen, doch hatte sie mich zu spät gerufen, und nun war sie auf und davon.

NACH ALBACETE
UND ZUR GEHEIMDIENSTZENTRALE

Zehn Tage nach meiner Ankunft hatten sich genügend Freiwillige eingefunden, um einen Konvoi zusammenzustellen. Wir schliefen schon über die ganze Kaserne verteilt – in Zelten auf dem Hof, unter den Kantinentischen, die Glücklichen in den strohgefüllten Verliesen der Festung. Tag für Tag tauchten mehr Neuankömmlinge auf – abgerissen, kurzgeschoren, hohlwangig, sie alle (wie ich selbst) ein Produkt der mageren mittdreißiger Jahre. Man erkannte die Briten an ihrem nervösen Kopfzucken, an ihrem angeborenen Mißtrauen und an dem endlosen Strom verhaltener Witzeleien. Man konnte sie weiter unterteilen in entlassene Sträflinge, Alkoholiker, verhutzelte Bergleute, Hafenarbeiter, lärmende Politische und verträumte Studenten, die eifrig Manifeste kritzelten oder Liebesbriefe an ihren Freund.

Wir wurden abgeholt, um an die Front gebracht zu werden, oder wenigstens ein Stück näher an sie heran. Aber was hatte uns überhaupt hierhergeführt? Meine Motive schienen trotz gewisser Verwirrungen einfach genug. Dasselbe galt indes auch für die meisten anderen – Versagen, Armut, Schulden, Konflikte mit dem Gesetz, verraten von Frau oder Liebhaber – die übliche Palette von Gründen, die einen an fernen Kriegen teilnehmen läßt. In unserem Fall, glaube ich, verband uns jedoch noch ein weiteres Motiv – die einmalige Chance zu einer großartigen, unkomplizierten Geste persönlicher Opferbereitschaft und Überzeugung, die voraussichtlich so bald nicht wiederkehren würde. Es war gewiß die letzte derartige Gelegenheit, die sich in diesem Jahrhundert einer ganzen Generation junger Männer bot, bevor der Nebel des Nationalismus und der Massenabschlachtungen auf uns niedersank.

Nur die wenigsten von uns ahnten, daß sie in einen Krieg antiquierter Musketen und klemmender Maschinengewehre gezogen waren, der von tapferen, aber überforderten Amateuren geführt wurde. Doch im Augenblick zauderte niemand, keiner kannte die Kehrseite der Wahrheit, wir hatten eine neue Freiheit gewonnen, ja fast eine neue Moral, und einen neuen Satan entdeckt – den Faschismus.

Trotz langer Stunden müßigen Geschwätzes haben wir darüber kaum jemals offen geredet. Abgesehen von den gelegentlichen Pronunciamentos der Mitteleuropäer und der holprigen Dialektik der Studiosi entsinne ich mich nur einer öffentlichen Erklärung persönlicher Betroffenheit – mit Kohle auf eine Latrinenwand gekritzelt:

Die Faschistenschweine haben meinen Kumpel in Huesca ermordet.

Reg dich nicht auf, Kamerad. Ich knöpf sie mir vor.

(Signiert) HARRY

Es kam der Morgen des Aufbruchs. Der Transport er-
folgte nun doch nicht mit Lastern. Das Schneetreiben
war zu stark. Wir fuhren mit dem Zug. Nach einem kurzen, stümperhaften Aufmarsch, bei dem wir uns in
Dreierreihen aufstellten, erschien der Kommandant
mit meinem Gepäck. »Es ist noch alles drin«, erklärte er,
während er mir den Tornister auf die Schultern stemm-
te, »alles, bis auf die Kamera.« Er warf mir einen müden,
mürrischen Blick zu. »Wir erwarten nicht allzuviel von
dir, Genosse. Und vergiß nicht, daß wir ein Auge auf
dich haben.«

Das Festungstor wurde so weit aufgerissen, daß die
Flügel in den Angeln schwankten, und wir schlurften
in zwei unregelmäßigen Kolonnen zum Bahnhof hinunter. Stechender, körniger Schnee fegte über die
Dächer, durch die Straßen und uns ins Gesicht. Wir
kamen an Josepes Spelunke vorbei, deren Fenster inzwischen vernagelt waren und vor der ein bewaffneter
Milizsoldat hockte. Auf dem Bahnsteig hatten sich ein
paar alte Frauen, junge Mädchen und Knaben versam-
melt, um uns Lebewohl zu sagen. Es war eine jener tristen, doréhaften Szenen, deren ich noch viele erleben
sollte – die Alten, ganz in schwarz, betrachteten uns
wortlos und mit feuchten Augen gleich Todesengeln;
die Mädchen boten uns als kostbare Abschiedsgabe kleine, verschrumpelte Orangen an; die Knaben standen
steif und ernst auf dem Bahnsteig, die Hand zur Faust
erhoben. Der Bahnhof war von erdrückender Eintö-
nigkeit, überall schwarze Kleider und graues Eisen, nur
die winterlichen Dampfwolken sorgten hie und da für

Aufhellung. Auf dem Gleis wartete ein Zug aus dem letzten Jahrhundert, die Waggons von der Größe einer Postkutsche hatten winzige Fenster und Holzbänke. Jeder von uns erhielt einen Kanten graues Brot und ein zusammengeknülltes Papier voll Oliven in die Hand gedrückt, und mit dieser Wegzehrung kletterten wir in die Wagen.

Puffer klirrten und Kupplungen quietschten, und während der Zug sich mit ruckartigen Bewegungen zur Abfahrt bereit machte, kamen die Mädchen gelaufen und überreichten uns mit glänzenden Augen ihre kleinen Orangen. Die Knaben stellten sich in einer Reihe auf und riefen: »Salud, compañeros!« Die alten Frauen winkten und weinten.

Ich teilte das Abteil mit einem halben Dutzend dick eingepackter Soldaten, die erst am Tag zuvor eingetroffen waren, darunter ein häßlicher, junger Katalane, auf dessen pockennarbigen Wangen die Stoppeln sprossen wie Unkraut auf einem Friedhof im Mai. Geschwätzig wie wir alle verkündete er sogleich, daß er Anarchist sei, wenngleich mit einem ausgeprägten Sinn für Lokalpatriotismus, denn da aus Barcelona gebürtig, sei er, wie er zu Recht betonte, genausowenig Spanier wie wir. Aus diesem Grund war er auch den Internationalen Brigaden beigetreten. Zur Bekräftigung schlug er sich auf die Brust. »Pau Guasch«, stellte er sich vor. »Ich internationaler Katalane! Verdammt international Chinesisch-Russisch-Katalan-Polnisch. Kein verfluchter Vater, verfluchte Mutter, verfluchter Gott.« In Gerona hatte er angeblich mit anderen zusammen drei Kirchen niedergebrannt. Er hatte Benzin darin ausgegossen, ein Streichholz hineingeworfen und »Wusch!«.

Am Ende forderten wir ihn auf, den Mund zu halten, weil sein englisches Gestotter unerträglich wurde. Er schien nicht im mindesten beleidigt. Er holte eine Kartoffel aus seiner Tasche, bekreuzigte sich, bevor er sie aß, und murmelte: »Verfluchter Trotzki, Judenkönig.«

Der Zug ruckelte und zuckelte mit zehn, höchstens fünfzehn Stundenkilometern dahin und blieb wie ein altersschwaches Tier wiederholt stehen, um Luft zu holen. Wir fuhren durch triste, graue Landstriche, die verlassenen Straßen mündeten hie und da in ein leeres Dorf, dessen Augen für immer verschlossen schienen.

Damals nahm ich zum ersten Mal die ätherische Brandigkeit eines kriegsgeschüttelten Landes wahr, eine so durchdringende Fäulnis, daß selbst die Erde zu modern anfing und ihre Farben, Töne und Lebendigkeit verlor. Wir befanden uns nicht auf dem Schlachtfeld, doch auch hier war Krieg geführt worden, kleine Morde und kurze Exzesse der Rachsucht. Das Land wirkte gepeinigt, befleckt, verunreinigt, und alle Menschlichkeit schien daraus verbannt. Der gewohnte Lauf des Lebens war zum Stillstand gekommen, niemand rührte sich, selbst die Bäume wirkten abgestorben; man sah keine Hunde oder Kinder, Pferde oder Mädchen, keine rauchenden Kamine und keine trocknende Wäsche, niemanden, der auf der Türschwelle ein Schwätzchen hielt oder am Bach spazierenging, sich aus dem Fenster lehnte oder dem vorbeifahrenden Zug nachsah. Statt dessen hatte sich eine schmierige Leblosigkeit über Dächer und Felder gelegt, als sei alles aufgegeben oder in ein Koma gefallen; nur da und dort kauerten auf einer windigen Kreuzung in tropfnassen Capes ein paar Soldaten. Dies war nicht nur ein Land im Krieg, sondern ein Land im Krieg mit sich selbst – es litt an einer abgründigeren, dauerhafteren Auszehrung.

Die Nacht brach herein und mit ihr die Dunkelheit, im Zug ebenso wie draußen. Nur die Wintersterne bewegten sich. Wir rauchten immer noch an unseren letzten Gauloises Bleus, schlitzten sie auf und drehten aus den Krümeln dünnere und dünnere Zigaretten. Unsere Gesichter glühten im Licht der glimmenden Kippen wie verschwommene rote Masken in der Finsternis. Nach und nach sanken die Köpfe, Zigaretten fielen aus erschlafften Mündern, bis die Gesichter schließlich unkenntlich wurden.

Es war eine lange, unruhige Nacht, die Fenster fest verschlossen, wärmten wir unsere Körper aneinander. Wir waren viel zu viele Menschen für den winzigen, alten Waggon, und wer sich auf den Boden gelegt hatte, bereute es bald. Schlaftrunken dahingemurmelte Vertraulichkeiten, lautes Schnarchen, plötzliches Wimmern inmitten eines Alptraums, die endlose Litanei eines Mädchennamens, Pau Guasch, der Gotteslästerungen ausstieß, wenn ihn ein Stiefel ins Gesicht traf, dreisprachige Flüche, sobald jemand das Fenster aufmachte.

Es waren vielleicht zwanzig Stunden vergangen – wir hatten gewacht und geschlafen, debattiert und erzählt, an Brot und Oliven gekaut oder einfach nur schweigend dagesessen und uns stumpfsinnig angestarrt –, als der

Zug auf Schrittgeschwindigkeit verlangsamte und mit einem erschöpften letzten Dampfstoß unter den grünen Lichtern des Bahnhofs von Valencia zum Stehen kam.

Hier sollten wir umsteigen und eine warme Mahlzeit erhalten. Es dürfte etwa Mitternacht gewesen sein, und in der Großstadt um uns herum war kein einziges Licht zu erkennen, als versuche sie, ihr Dasein zu leugnen; die langen, dunklen Häuserzeilen duckten sich wie Schildkröten am Boden und erweckten einen niedergeschlagenen Eindruck.

Wir hatten auf einem Nebengleis gehalten. Der Mond war spät aufgegangen. Einige Frauen brachten Suppenkessel herbei. Sie bewegten sich schnell, ruckartig und lautlos, sprachen nicht einmal untereinander, sondern schöpften mit knappen, ängstlichen Gesten die dünne Brühe aus. Plötzlich hielt eine von ihnen inne, hob den Kopf, stieß ein furchterregendes Kreischen aus, ließ den Suppentopf fallen und hastete davon. Sie hatte etwas gehört, das uns entgangen war, ihre Ohren waren seit Wochen auf die ersten Anzeichen dessen eingestimmt, was sogleich über uns kommen sollte.

Nach ihrem Schrei und plötzlichen Verschwinden machten sich auch die anderen aus dem Staub. Die Lichter der Bahnhofshalle erlöschten. Eine träge Ruhe breitete sich über der Stadt aus, ein langes und ahnungsvolles Warten. Dann näherte sich aus dem Osten, vom Meer her, ein leises, punktuelles Geräusch, das zu einem tiefen Dröhnen anschwoll, mit Kurs auf den Himmel über uns. Das Geräusch war den Frauen auf dem Bahnsteig nur allzu bekannt, doch für uns war es nichts als ein nächtliches Flugzeug. Und während wir ihm weiter lauschten, verwandelte sich der vertraute Bote friedlichen Luftverkehrs in einen bösartigen Gegner. Spanien war das erste Land in Europa, das diesen verhängnisvollen Klang kennenlernte, aber schon bald sollte er die halbe Welt heimsuchen.

Francos Militärflugplätze auf Mallorca, die mit deutschen und italienischen Kampfflugzeugen bestückt waren, lagen nur wenige Flugminuten vom Festland entfernt. Barcelona und Valencia waren vogelfreie Städte, ihre Flugabwehr beschränkte sich auf ein paar lärmende und wirkungslose Geschütze.

Als die Bomber näher kamen und das beständige Dröhnen sich über uns verdichtete, überfiel mich eine unbändige Erregung. Ich stieg aus dem Zug, verließ den überdachten Bahnsteig und marschierte allein in Richtung Verschiebebahnhof davon. Es war mein erster Luftangriff, und ich wollte mich seiner Wucht alleine stellen, ohne allgemeine Aufregung und Panik. Wir hatten bereits Plakate und Photographien gesehen, auf denen die Auswirkungen von Luftangriffen auf Städte zu sehen waren, halbierte Wohnblocks, die ihre Intimitäten preisgaben – das Hochzeitsbild an der Wand, das billige kleine Kruzifix, das zerteilte Bett über dem Straßenabgrund –, die Vorstellung von ganzen Familien, die sich in ihre privaten Höhlen verkrochen hatten und mit einem Schlag in den Tod gebombt wurden. Neue Bilder des Schreckens, die uns zuerst in Spanien vorgeführt wurden und deren unmittelbaren Anblick ich,

Einfaltspinsel, der ich war, nur mit Mühe erwarten konnte.

Die Bomber schienen jetzt direkt über uns zu sein, langsam und schwerfällig zogen sie vorbei und pflügten ihre Klangfurchen in den Himmel. Ein einziger Scheinwerfer leuchtete auf und erlosch sofort wieder, als wollte er sich verstecken. Dann erwachte die ganze stille Stadt zu einem beinahe hysterischen Getöse, überall knatterten Gewehre, während Leuchtkugeln ihren glänzenden Sternenschweif in langen Bogen über den Himmel zogen. Der rasende Feuerhagel dauerte nur ein, zwei Minuten, dann ebbte er ab, als habe seine Wut sich erschöpft.

Die Flugzeuge wendeten über der Stadt, als sei nichts gewesen, und setzten unbeirrt zur Vollstreckung ihrer Mission an. Nur ein paar Dutzend junge Männer in ihren schaukelnden, schwach beleuchteten Kabinen und eine Million Menschen zu ihren Füßen, die im Dunkeln ihr Schicksal erwarteten. Eines der Flugzeuge beschleunigte und setzte zum Sturzflug an, indes die anderen ihm in dröhnender Prozession folgten. Sie flogen tief und schnell, vielleicht ließen sie sich vom Funkeln des Mondes auf dem Meer, den Giebeln und den Geleisen leiten. Dann wurden die Bomben abgeworfen – aus geringer Höhe, denn ihr nervenaufreibendes Kreischen war kurz. Es folgte eine Reihe von gewaltigen Detonationen und Lichtexplosionen, und zu beiden Seiten des Bahnhofs schossen Feuersäulen in die Höhe. Ich spürte den Boden unter mir beben und atmete den Geruch von verbranntem Staub. Eine Bombe traf das Gleis neben den Frachtschuppen, und zwei Lastwagen flogen in einem Feuerring zur Seite, während die Schienen sich wie Papierschleifen um sie bogen. Abseits begann ein altes Haus wie eine Kürbislaterne von innen zu leuchten und stürzte vollständig in sich zusammen. Eine Lagerhalle barst in der blutroten Aura eines Volltreffers auseinander, und auch in der Ferne waren zahlreiche Feuer zu sehen. Aber es war ebenso rasch wieder vorbei – die Stadt an ein paar weiteren Stellen zerstört, noch mehr Menschen verbrannt und verschüttet, und die Bomber drehten zum Meer ab.

Ich hatte draußen gestanden und den Luftangriff auf Valencia neugierig, aber ansonsten ohne jede Regung verfolgt. Ich wunderte mich über meine eigene Distanziertheit und Furchtlosigkeit. Es mag sogar sein, daß ich eine seltsame Befriedigung dabei empfand. In jener Nacht lernte ich mich selbst von einer Seite kennen, die ich bis heute nicht recht verstanden habe.

Nachdem die Flugzeuge verschwunden waren, hörte man nur noch das Knistern der Flammen und in der Ferne das Gebimmel der Feuerwehr. Zwei Kameraden aus dem Zug stießen schweigend zu mir, es war auch für sie das erste Mal gewesen. Ein Eisenbahner kam mit tastenden Schritten über die Gleise, den Kopf vornübergebeugt. Wir fragten ihn, ob alles in Ordnung sei, und er sagte ja, aber er benötige Hilfe. Er leuchtete mit einer Lampe auf seine zerquetschte, blutende linke Hand und wies dann mit dem Kopf in Richtung der nahen Straße. Wir liefen um die brennende Lagerhalle herum und sahen zwei Häuschen in Flammen stehen. Es waren kleine

Arbeiterkaten, lodernde Zelte aus Balken und Ziegeln, aus denen die Hilferufe eines alten Mannes zu uns drangen.

»Mein Onkel«, sagte der Eisenbahner und machte sich mit seiner unverletzten Hand an den qualmenden Trümmern zu schaffen. »Ich hab ihm gesagt, er solle im Kino schlafen.« Mit einem Mal brachen die Dächer ein, und Funken stoben über die Straße. Wir wichen zurück, die Schreie des Alten verstummten, und lange, züngelnde Flammen übernahmen die Herrschaft. »Er ist selbst schuld«, sagte der Eisenbahner. »Im Kino wäre er sicher gewesen. Er verbrachte jeden Nachmittag dort.« Geknickt stand er da in seinen rauchenden Kleidern und starrte grimmig in die lohenden Trümmer, schwarz und hilflos baumelten die Hände an seiner Seite.

Auf dem Weg zurück zum Bahnhof stolperten wir über eine weißeingestäubte Gestalt, die wie ein sterbender Kreuzfahrer auf dem Gehsteig lag. Gesicht und Kleider waren von Staub bedeckt, und den Körper durchlief von Kopf bis Fuß ein heftiges Zittern. Wir rollten ihn auf ein paar Bretter und trugen ihn auf den Bahnsteig, wo schon mehrere andere Leiber aufgereiht lagen. Eine heulende Mutter hielt ihr totes Kind in den Armen; zwei andere lagen still ineinander verschlungen, während ein bärtiger Arzt in einem schmutzigen Kittel fluchend den Bahnsteig auf und ab lief.

Das kurze, kleine Grauen, das über die schlafenden Bürger Valencias herfiel, war so unbedeutend und gehörte so sehr zum Alltag, daß es verglichen mit dem, was an anderen Orten Spaniens geschah, kaum Erwähnung verdient. Diese Bombardierung von wenigen Minuten, deren Zeuge ich geworden war, war nichts als der tastende Versuch einer neuen Form der Kriegsführung, die bald von der ganzen Welt angewandt – und gebilligt – werden sollte.

Nur die wenigsten erkannten seinerzeit, daß General Franco, der »höchste Verteidiger des Vaterlands und des christlichen Glaubens«, hier seine eigenen Landsleute als Versuchskaninchen feilbot und weite Teile Spaniens zum lebenden Testgebiet für Hitlers neue Bomberschwadronen erklärte, deren Zerstörungswerk mit der Vernichtung der alten Stadt Guernica seinen Höhepunkt erreichte.

Um vier Uhr früh, in der Ferne flackerten noch immer die Flammen, wurden wir von unserem »Transportoffizier« zusammengetrommelt. Er war ziemlich betrunken, trug eine Mongolenjacke, und um seinen Hals hatte er zu meinem nicht geringen Erstaunen einen Feldstecher und ein Maßband baumeln. Hastig gestikulierend, scheuchte er uns zum Zug zurück, als sei unsere rechtzeitige Abfahrt Bestandteil eines gewichtigen logistischen Plans.

Einige der Männer erzählten mit lauten, überdrehten Stimmen und glänzenden Augen von ihrem tapferen Überlebenskampf im Bombenhagel, andere starrten still vor sich hin, wieder andere schienen das Ganze ungerührt verschlafen zu haben.

Unser neuer Zug wurde auf einem anderen Gleis zusammengestellt, wo Pau Guasch mit einem Korb voll

Brot unter dem Arm auf uns wartete. Als wir uns in die Abteile gequetscht hatten, verteilte er seine Ware mit den Worten, wir hätten diese Wegzehrung eigentlich nicht verdient. Womit er gar nicht so unrecht hatte, denn das Brot dürfte schon mehrere Wochen alt gewesen sein und war von einer dicken Schicht Ruß und Staub überzogen. Er schaute mit selbstzufriedener Gönnermiene zu, wie wir an seiner Beute nagten und sie am Ende sogar hinunterschluckten.

Die Nacht war lang und ungemütlich, während der Zug landeinwärts rumpelte und Kehre für Kehre die Anhöhe von Chiclana erklomm, um auf die Hochebene von La Mancha zu gelangen. Ich kannte das Plateau aus dem Hochsommer, wenn es sich wie glühendes Kupfer unter der Hitze zu biegen schien. Jetzt war es so tot wie die russische Tundra, eine endlose Weite aschfahlen Schnees, in dem sich das kalte Licht des Wintermondes spiegelte. Kein güldener Ruhmesweg für die zum Krieg bestimmte Jugend, sondern bloß ein unheimliches, graues Feld.

Abgesehen von Pau Guasch stammten sämtliche Männer in meinem Abteil aus dem Ausland – Briten, Kanadier, Holländer. Und der arme Guasch, der als einziger wirklich auf der Halbinsel geboren war, wurde zwischen seinem eigenen Anspruch auf eine natürliche Führungsposition und unserer hänselnden Verachtung für den »Ausländer« aufgerieben. Wir machten ihn zur Zielscheibe unserer geistlosen Erschöpfung, schubsten ihn umher, stellten ihm ein Bein, traten ihn mit unseren Stiefeln und steckten ihm Brotkrümel und Krumen unters Hemd.

Angst, Verzweiflung und Grausamkeit machten sich unter uns breit, und wir verspotteten den wütenden kleinen Katalanen, bis wir des freudlosen Spiels allmählich müde wurden und einer nach dem anderen einnickte. Wir schliefen steif und unruhig, saßen kerzengerade nebeneinandergepfercht oder purzelten durcheinander wie die Flaschen in einem Marktkorb. Wir waren keine Krieger mehr, sondern ausgesondertes Frachtgut, das zur Müllhalde transportiert wurde.

In der bitterkalten Morgendämmerung erreichten wir auf der Hochebene Albacete. Wir tuckerten durch kleine Vorortbahnhöfe, in denen eingeschneite Grüppchen von Frauen uns stumme Blicke hinterherwarfen. An einem Bahnübergang saß auf einem ausgemergelten Klepper, der am Boden nach Grashalmen suchte, ein junger Bursche und hob kurz seine Faust, nur um sie sogleich deprimiert wieder sinken zu lassen. Schweigende Greise und barfüßige Kinder standen wie irische Bauern zur Zeit der großen Hungersnot bewegungslos neben den Gleisen, ohne uns auch nur zu grüßen. Während wir unserem Militärlager entgegenzuckelten, wurden wir nicht als heldenhafte Befreier oder als die ersehnte Verstärkung auf dem Weg zum Sieg empfangen, sondern aus leeren Augen angeschielt wie eine weitere Zugladung gesichtsloser Sträflinge.

Erst als wir in den Bahnhof von Albacete einfuhren, zeigte sich, daß man den Anlaß gebührend zu feiern wußte. Klamm und steif stiegen wir aus unserem Zug und hatten kaum auf dem Bahnsteig in Reih und Glied Stellung bezogen, da stürzte wie ein Erschießungs-

kommando eine Blaskapelle auf uns zu. Im fahlen Morgenlicht zielten sie treffsicher auf unsere Köpfe und
rangen ihren Instrumenten eine Reihe tuberkulöser Töne ab. Dann kletterte ein untersetzter Kommandant im
Regenmantel auf eine Kiste und hielt schnarrend eine
Ansprache. Bis zu diesem Augenblick mochten wir, so
verfroren und hungrig wir waren, einen letzten Rest
Mut in uns bewahrt haben. Der Kommandant raubte
uns nach und nach auch diesen und ließ uns in blanker
Bestürzung zurück.

Er hieß uns knapp und bündig willkommen, erwähnte
kurz unsere nächsten Angehörigen (die wir angestrengt
zu vergessen suchten), bezeichnete uns als die Blüte
Europas, dankte uns für die Bereitschaft, unser Leben
hinzugeben, erinnerte uns an die blutigen Opfer, die
wir der Sache demnächst bringen würden, und widme-
te sich dann ausführlich der finsteren und schrecken-
erregenden Macht des internationalen Faschismus, die
gegen uns Stellung bezogen hatte. Viele tapfere junge
Genossen hätten schon vor uns bereitwillig im großen
Kampf heldenhaft ihr Leben gelassen und ruhten jetzt
in den Ehrengräbern der Schlachtfelder von Guadalajara, Jarama und Brunete. Er wisse, so meinte er weiter,
wie stolz wir darauf seien, ihnen folgen zu dürfen –
dann schüttelte er sich wie ein nasser Hund, blickte
böse zum Himmel auf, salutierte, drehte sich um und
ließ uns stehen. Wir traten im Schneematsch von einem
Bein aufs andere und sahen einander an – ein ungewaschener und verlotterter Haufen. Wir waren jung und
hatten zum Empfang hübsche Mädchen und Küsse

erwartet und später vielleicht die Gelegenheit zu blut-
losen Ehren; bevor uns der Kommandant darauf
aufmerksam machte, hatte vermutlich keiner von uns
ernsthaft darüber nachgedacht, daß er bei dem Aben-
teuer sterben könnte.

Unser Gruppenführer kam den Bahnsteig entlang-
geschritten und zog einen protestierenden Pau Guasch
am Ohr hinter sich her. Er wolle zurück nach Hause,
schrie dieser; er leide an Arthritis und Bauchweh.
Der Gruppenführer stieß ihn zurück ins Glied. Wir
stellten uns in Dreierreihen auf und marschierten hinter der hustenden und schwindsüchtigen Musikkapelle
in trauriger Prozession durch die Stadt. Wir gingen an
dunklen Mauern entlang, hier und dort ein Plakat oder
eine herabhängende Fahne und überall nasser Schnee.
Vom wolkenverhangenen Himmel fiel Graupelregen
herab. Ich kannte Spanien im hellen, verklärenden
Licht der Sommersonne, wenn selbst die Armut noch
vor Stolz zu strahlen schien. An diesem Morgen glich
Albacete einem der gebeutelten Elendsviertel des Nor-
dens. Die Frauen, an denen wir vorüberschritten, verhüllten mit Schals ihr Gesicht.

DIE TODESZELLE VON ALBACETE

Durch Albacete fegte ein schneidender Wind, der aus den weißen, piniendurchsetzten Weiten der Mancha herüberwehte. Die bunt dekorierten militärischen Gestalten, an denen wir auf unserem Marsch zur Kaserne vorbeidefilierten, begrüßten uns gar nicht oder nur mit verächtlichem Gejohle.

Am Kasernentor ließ uns die kleine Blaskapelle endgültig im Stich. Die Musiker trotteten die Straße hinab und schüttelten ihre verbeulten Instrumente aus. Die kurze Ehrenrunde zu unserem Willkommen schien ihr Ende gefunden zu haben; eine weitere Zugladung Lumpenpack war pflichtgemäß abgeliefert worden. Triefende Tornister auf dem Rücken und Schneeflocken im Bart, stellten wir uns auf dem Appellplatz auf. Zwei Offiziere kamen zur Inspektion heraus, ein Schreiber mit Klemmbrett machte unterdessen Notizen. Keiner von ihnen redete mit uns; wir wurden wie fremdländische Sehenswürdigkeiten beäugt, während das nadelspitze Schneetreiben immer dichter wurde. Anonym und verkannt, wie wir uns fühlten, traten wir murrend von einem Bein aufs andere; auch hatten wir schon lange nichts mehr gegessen. Dennoch ließen sie uns gleichsam unbeteiligt dort stehen, während der Protokollführer uns zählte und zählte und nochmals zählte.

Ich spürte eine wachsende Spannung und fühlte mich plötzlich als etwas Besonderes unter all den anderen. Noch ehe es soweit war, wußte ich, was kommen würde. Ein Soldat stürzte aus dem Hauptgebäude heraus und übergab einem der Offiziere einen Zettel. Mein Name wurde aufgerufen, ich hob meine Hand, meine Gefährten wurden entlassen und ich einmal mehr von Wachsoldaten abgeführt.

Hatte man mich von Anfang an im Visier gehabt? fragte ich mich. Aber warum war ich dann überhaupt so weit gekommen? Ich wurde in einen kleinen Kellerraum hinten im Hauptgebäude geführt, wo es von Aktenschränken, Landkarten und Papierstapeln nur so wimmelte. Der junge, blonde Offizier, der hinter Bergen von Dokumenten am Schreibtisch saß, stand zu meiner Begrüßung auf. Er war Amerikaner, trug eine schicke Uniform und benahm sich respektvoll und zuvorkommend. Er stellte sich mit dem Namen Sam vor.

»Tut mir leid«, sagte er und schob mir einen Stuhl herüber. »Ich vermute, du hast das alles schon mal durchexerziert, aber es gibt da ein neues Problem ...«

Er zog meinen Ausweis hervor, den man mir in Figueras abgenommen hatte, und blätterte ihn langsam durch. Zwei Seiten waren mit Büroklammern markiert, und als er sie aufgeschlagen hatte, hielt er mir den Paß unter die Nase. Seine Miene zeigte einen Ausdruck amüsierter Resignation, als wollte er sagen: »Wie konntest du nur so dämlich sein?«

Im Frühjahr 1936 war ich für einige Tage in Spanisch-Marokko gewesen, wo General Franco genau zur selben Zeit den Aufstand vorbereitet und von wo aus er im Juli den Bürgerkrieg begonnen hatte. Natürlich hatte ich davon nichts gewußt, bis der General seine maurischen Truppen über die Meerenge nach Spanien einflog. Ich hatte mich mitten im Nest der Verschwörer aufgehalten, ohne das Geringste davon zu ahnen.

Mit einer fast schon übertrieben wirkenden Ungläubigkeit wendete Sam noch einmal die Seiten meines Passes, hielt ihn mir erneut vor die Nase und wies mit dem Finger auf die kompromittierenden Namen und Daten: Ceuta, Tetuan, Entrada, Salida.

»Was zum Teufel hast du um diese Zeit da getrieben?« fragte er. »Mehr wollen wir gar nicht wissen.«

Inzwischen waren zwei vierschrötige, kleine Russen in Zivil eingetreten, die beide schon Ansätze zu einer Glatze zeigten. Sie ließen sich zu beiden Seiten des Amerikaners auf einen Stuhl fallen und warteten schweigend auf meine Antwort.

Ich wußte jetzt, in welche Nesseln ich mich gesetzt hatte – erst als Spitzel verdächtigt, nun als faschistischer Agent enttarnt. Die Sache stand außer Zweifel, Sam hielt den Beweis in der Hand. Mir rutschte das Herz in die Hose, wie damals in meiner Kindheit, wenn ich in aller Unschuld den größten Mist gebaut hatte.

Na ja, sagte ich und versuchte zu erklären: Im Frühjahr 1936 hätte ich in einem Hotel in der Nähe von Malaga gearbeitet und von dort aus einmal mit einem französischen Studenten aus Arles einen Ausflug nach Marokko unternommen. Ja, die Jahreszeit sei in der Tat günstig gewesen, aber wir hätten trotzdem nicht viel vom Land gesehen, weil wir die meiste Zeit hinter verschlossenen Läden in kleinen Hotelzimmern zugebracht und gekifft hätten. Sam seufzte und legte die Hand an die Stirn. Er forderte mich auf, meine Taschen zu leeren.

Meine gesammelten Habseligkeiten wurden auf dem Schreibtisch ausgebreitet, und die beiden Vierschrötigen machten sich darüber her. Zigaretten wurden aufgeschlitzt, Papiere gegen das Licht gehalten, der Füllfederhalter aufgeschraubt, ausprobiert und zerbrochen. Streichhölzer wurden auf ein Löschpapier geleert und eins nach dem anderen der Länge nach gespalten. Die Streichholzschachtel wurde in kleine Stücke zerschnitten und gegen eine Speziallampe gehalten, auch alle meine Papiere, mein Notizbuch und meine Brieftasche wurden auf diese Weise untersucht, einschließlich einiger Pesetanoten und Familienphotos.

Während die beiden gedrungenen Zivilisten aufs Sorgfältigste ihrem Geschäft nachgingen und wer weiß was zu finden hofften − Geheimbotschaften, Kriegspläne, Codes, Landkarten −, überflog Sam die ausgesonderten Dokumente und stellte mir in ruhigem Ton immer neue Fragen. Wie der Student geheißen habe? Wo er sich jetzt befinde? In welchen Hotels wir übernachtet hätten? Wieviel ich eigentlich verdient und wer mir den Lohn ausgezahlt habe? Es sei nur ein kurzer Ausflug gewesen, erwiderte ich, und mein Reisegefährte habe einen Großteil der Kosten übernommen. Er sei der Sohn eines reichen Geschäftsmannes aus Marseilles. Sam

wußte, daß ich log, aber er wußte nicht, weswegen. Ich
war mutterseelenallein und ahnungslos nach Marokko
gefahren, doch der Ausflug war drauf und dran, mir das
Genick zu brechen.

Man forderte mich auf, bis auf die Hosen alle Kleider ab-
zulegen, und unterzog sie einer genauen Inspektion,
selbst das Futter und die Sohlen meiner Schuhe wurden
eingehend unter die Lupe genommen. Dann geschah,
was ich verzweifelt gern vermieden hätte, was nun aber
unausweichlich schien: Sam fand in der Gesäßtasche
meiner Hose einen Stoß Briefe. Es waren die Briefe des
englischen Mädchens, das mich bis nach Südfrankreich
begleitet und mich vom Grenzübertritt abzuhalten versucht hatte – Briefe, in denen die wilde und leiden-
schaftliche Zeit unserer letzten gemeinsamen Woche
beschworen wurde, unser ebenso stürmischer und aus-
schweifender wie gequälter und leidvoller Abschied.
Ich kannte jedes Wort auswendig, und keines davon war
für fremde Augen bestimmt. Jetzt wurden sie aufmerksam Zeile für Zeile von diesem adretten, jungen Mann
aus Boston durchforstet. Er las ohne Eile und blickte ein-
oder zweimal auf, während ich krampfhaft die Wand
hinter ihm anstarrte. Ich saß ihm gegenüber und fühlte mich ganz und gar nackt, noch nie hatte vor ihm jemand so tief in mein Privatleben gesehen. Als er die
Briefe gelesen hatte, gab er sie mir schweigend zurück.
Sein Gesicht war leicht errötet, aber genauso ausdruckslos wie meines.

Sam hat die Briefe nie wieder erwähnt, aber desunge-
achtet hatte er als junger, engagierter Offizier seine

Pflicht zu erfüllen; im Verlauf des weiteren Verhörs, in dem er mich über Daten, Reiseroute, Absichten und Motive ausfragte, bemerkte ich in seinen Augen einen Ausdruck irritierter Verblüffung, wie bei einem Arzt, der während der Untersuchung einer schweren Krankheit ganz unerwartet auf ein anderes gravierendes Leiden stößt.

Sams gnomenhafte Helfer hatten inzwischen von meinen Kleidern und Schuhen abgelassen und setzten sich links und rechts neben mich. Sie nahmen den einen oder anderen Gegenstand vom Schreibtisch und legten ihn wieder hin, schüttelten meine Geige und zupften an ihren Saiten, hielten ein kleines Bild meiner Mutter gegen den Spiegel. Sie tuschelten, stellten einander Fragen, nickten sich zu und sahen mich finster an. Ich hatte das Gefühl, sie hätten mich am liebsten hinausgeführt und an den Füßen aufgehängt, und auch der Einsatz von Daumenschrauben dürfte in ihren Augen die Wahrheitsfindung eher beschleunigt haben. Sam seinerseits blieb warmherzig, ja fast entschuldigend, und behandelte mich weiterhin mit einer Art besorgtem Wohlwollen.

»Ich werde Bericht erstatten müssen«, meinte er. »Besonders leicht wird das nicht sein. Wie hast du dich nur in einen solchen Schlamassel hineinmanövrieren können? Du wirkst zwar recht harmlos, aber wir können keine Risiken eingehen. Das ist dir doch wohl klar, oder?«

»Und was, bitte schön, heißt das?«

»Mein Gott, das brauch ich dir doch nicht zu sagen! Ich

kann da nichts machen – keiner von uns. Es tut mir leid,
aber mach dir einmal klar, in welche Lage du dich gebracht hast.«

Also wurde ich einmal mehr unter Bewachung abgeführt und in einem kleinen, unterirdischen Raum meiner eigenen Verwirrung überlassen. Sam kümmerte
sich rührend um mich, sorgte dafür, daß ich nicht fror,
brachte mir Decken, Brandy und Kaffee. Er schickte
eine alte Frau vorbei, um meine Zelle aufzuräumen,
auszufegen und zu entlausen, ja, er schickte mir sogar
ein kleingewachsenes, pummeliges Mädchen mit dem
zerzausten Aussehen einer Revolutionärin, doch sie
schnaufte und keuchte und kicherte so heftig, daß ich
vor lauter Dunstschwaden die Hand nicht vor Augen
sah.

Die Alte dagegen war mir Trost und Unterhaltung in einem. Doña Tomasina aus Cuenca, eine vielleicht fünf-
zigjährige Witwe, hatte ihren leprösen Mann durch einen Steinschlag in der gemeinsam bewohnten Höhle
verloren. Völlig ausgehungert war sie zu Beginn des
Bürgerkriegs nach Albacete gelaufen, wo sie nun für
zwei Mahlzeiten am Tag die Kaserne putzte.

Tomasina war über mein Schicksal betrübt, rückte mir
immer wieder mit den Daumen die Schultern zurecht
und tat ihr Bestes, mich aufzuheitern, was jedoch gar
nicht einfach war. Ich hatte schon einmal in dieser Bre-
douille gesteckt und konnte von Glück reden, daß ich
ihr letztes Mal entkommen war. Diesmal war meine
Lage klarer und ernster, und meine Ankläger waren pro-
fessioneller und unerbittlicher.

»Aber es sind junge Männer wie du«, sagte Tomasina.
»Sie wissen, du hast keine schlimmen Dinge getan. Spielen ein wenig Katz und Maus. Ihr lacht. Alles ist gut.«

Die nicht, dachte ich. Insbesondere Sams russische Kollegen mit ihren blauen Mondgesichtern. Und solange die daneben saßen, würde Sam es nicht wagen, ein Auge zuzudrücken.

Ich fragte mich, wie oft Tomasina dieses Ritual schon hinter sich gebracht hatte – andere verängstigte, junge Männer geneckt und bemuttert hatte, während sie ihre blindwütige Liquidation erwarteten. Ihre lebhaften, dunklen Augen sahen aus wie die Hälften eines Seeigels, die hervorstehenden Pupillen waren von roten Tupfen übersät.

»Deine Papiere sind durcheinander. Morgen sie bringen sie in Ordnung. Dann bist du frei und gehst zurück zu deinen Freunden.«

Doch am nächsten Tag kam Sam mit seinem kahlgeschorenen, glänzenden Schädel und einem Ausdruck wütender Verzweiflung.

Er streckte mir meinen alten, ledrigen Paß entgegen und pochte mit seinem Finger auf die entscheidenden Seiten. »Es sind die verdammten marokkanischen Stempel«, brummte er. »Frühling '36. Melilla. Ceuta. Tetuan. Genau dort wurde alles ausgeheckt. Und was hattest du dort zu suchen? Das wollen wir wissen. Spezialausbildung, oder was?« Er klopfte erneut auf den Paß. »Es steht alles genau drin. Führt kein Weg dran vorbei. Andere Zeit, anderer Ort, und ich hätte dich raushauen können.«

Er hatte mir Schreibpapier, einen Füller und einen
Klapptisch mitgebracht.

»Wenn du Briefe schreiben willst, ich werde dafür sorgen, daß sie abgeschickt werden«, sagte er. Hilflos sah er
mich an. »Äh, kann ich sonst noch etwas für dich tun?«

»Tomasina wollte mir ein neues Hemd bringen.«

»Neues Hemd? Kein Problem.« Er stand verlegen in der
Tür. »Hm, mehr willst du vermutlich gar nicht wissen?«

»Nein«, antwortete ich.

»Wenn wir aus Madrid nichts hören, dann war's das«,
sagte er.

Er blieb einen Augenblick lang unentschlossen stehen,
dann hob er zum Abschied die Faust. »Herrgott«, knurrte er und ging.

Noch am selben Tag schrieb ich einige Briefe, in denen
ich mich allerdings sehr kurz faßte. Hätte ich vielleicht
sagen sollen, daß man mich demnächst als einen Spitzel, Saboteur, faschistischen Unterwanderer oder Lakai-
en des Kapitalismus erschießen würde, wie es meine
Ankläger in ihren höflicheren Momenten angedeutet
hatten? Doch ich brauchte mein Verschwinden gar
nicht zu erklären. Sam und seine Kollegen hielten gewiß genügend Beweise gegen mich in der Hand, aber da
nach wie vor ein letzter Zweifel an meiner Verworfen-
heit zu bestehen schien, hatte Sam mir versprochen,
keinen offiziellen Bericht über die Umstände meines
Todes abzustatten.

Also faßte ich mich in meinen Briefen kurz. Nicht einmal meiner Mutter sagte ich Lebewohl und schon gar

nicht dem Mädchen, nach dem mein Herz sich verzehrte. Beiden hätte ich meine tolpatschige Trotteligkeit eingestehen müssen, die ganzen unglücklichen Verwicklungen, die weder einem höheren Zweck dienten noch Ruhm und Ehre einbrachten. Ich war erklärtermaßen ausgezogen, um mein Leben für eine gerechte Sache hinzugeben, nicht, um klammheimlich in einem Hinterhof ausradiert zu werden, weil ich eine Violine übers Gebirge getragen oder zur falschen Jahreszeit Urlaub in Marokko gemacht hatte. Ich saß in Tomasinas strahlend neuem Hemd in meiner winzigen Zelle, starrte Tisch und Wände an und fragte mich, wie es so weit hatte kommen können, hin und her gerissen zwischen der Gewißheit, daß ich dem Kommenden gelassen entgegentreten würde, und den endlos wiederkehrenden Momenten einer panischen Angst vor dem Tode.

Um Mitternacht ließ die Wache Tomasina herein, die mir neuen Brandy und Kerzen brachte. Sie war in einer geschäftigen, tschilpenden, überdrehten Stimmung. »Du wirst nicht lange hierbleiben«, sagte sie aufgeräumt und hüpfte um mich herum, um mir die Schultern gerade zu rücken. Sie steckte eine neue Kerze auf den abgebrannten Stummel und zündete sie an, ihr Lächeln von Sorge und Mitleid gezeichnet. »Du mußt dich warmhalten«, sagte sie und stellte den Brandy auf den Tisch. Eine Flasche besten Branntweins, nicht einfach nur vom Faß gezogen. Aber sie hatte mir nicht nur Brandy mitgebracht. Im Schatten hinter ihr stand ein Junge von vielleicht dreizehn Jahren mit den dunklen Locken und Augen eines Mauren.

»Wärme ihn«, ordnete Tomasina an, indem sie den Jungen zu mir hinüberschob, und als sie ging, berührte sie leicht meine Hand. »Gott steh dir bei, Lorenzo.«

Der Junge zog mich zum Lager und legte sich fröstelnd neben mich. Er schien viel stärker zu frieren als ich, aber vielleicht hatte sein Zittern noch andere Gründe. »Du kannst mir weh tun, wenn du willst«, sagte er und wartete, während seine Hände meine Knie umschlotterten. War dies Sams oder Tomasinas Idee? fragte ich mich. Sie gaben sich wirklich alle erdenkliche Mühe. Erst das hemmungslos schnaufende und keuchende Mädchen und nun dieses dünne, schaudernde Knäblein. Ich konnte das Angebot weder annehmen noch ausschlagen; in jener Nacht war ich, Gott sei mein Zeuge, für jeden Trost dankbar.

Aus der Nähe erkannte ich, wie sehr sein hübsches Gesicht von den langen Furchen der Entbehrung gezeichnet war, aus den müden Augen blickte mich eine frühreife Härte an. Er reichte mir den Brandy herüber und half mir, die Flasche zu leeren; er fror selbst am ganzen Leib, tat jedoch zitternd sein Bestes, mich zu wärmen. Wieder und wieder rief er im Laufe der Nacht meinen Namen, schluchzte Lebewohl und begann theatralisch zu weinen. Ich hatte das merkwürdige Gefühl, als kapriziere sich sein Beziehungsleben auf die letzten Augenblicke von Todgeweihten. Als er mich am Morgen verließ, war er jedenfalls außerordentlich guter Dinge. Er bat mich um meine Armbanduhr, und ich schenkte sie ihm.

Der Morgen brachte nicht den klaren, dramatischen Schnitt, den ich erwartet und auf den ich mich eingestellt hatte, sondern lediglich eine peinliche, verwirrende Leere. Was danach kam, konnte bestenfalls noch entsetzlicher, überstürzter Pfusch sein. Erst gegen Mittag gerieten die Dinge in Bewegung. Sam brachte mir einige Zigarren vorbei sowie einen Brief, der an mich adressiert war, zu Händen des Socorro Rojo.

»Ich war mir nicht sicher, ob du den haben willst«, meinte er und überreichte mir den überquellenden Umschlag, der bereits geöffnet war und bündelweise Briefe in der ausladenden Handschrift des Mädchens enthielt. »Dann dachte ich, zum Teufel, warum eigentlich nicht? Sind wenigstens ein Zeichen, daß sie an dich denkt. Waren auch fünf englische Pfund dabei. Schade darum ...«

Sein glattes Gesicht zeigte erneut jenen Ausdruck schuldbewußter Verzweiflung. Aber er sah mir nicht in die Augen.

»Gib mir deine Briefe«, sagte er und stopfte sie in seine Tasche. Er ging, ohne sich zu verabschieden.

Am Nachmittag erhielt ich Besuch von einem Arzt, der mir eine Spritze und eine Handvoll Pillen verabreichte. Tomasina schlurfte herein und wieder hinaus und warf mir immer wieder ein schüchternes, falsches Lächeln zu, als wedle sie ein Taschentuch vor meinem Gesicht. Ich saß am Tisch und blätterte die überschwenglichen Briefe meiner Freundin durch, atmete tief ihren berauschenden und unverzeihlichen Zauber.

Gegen vier Uhr wurde ich in Handschellen abgeführt

und von den Wachen in einen Raum gebracht, in dem mehrere Milizsoldaten Domino spielten. Als ich eintrat, erhoben sie sich und gingen pfeifend hinaus. Durch die offene Tür konnte ich einen kleinen Innenhof erkennen, vom abendroten Himmel fiel Schnee.

Einer der Wachmänner gab mir eine Zigarette, der andere faßte mich am Arm. »Keine Bange«, sagte er. »Es geht ganz schnell, Kamerad.« Auf seinem hellblauen Hemd zeichneten sich dunkle Schweißflecken ab. Dann hörte ich im Nebenzimmer ein Stimmengemurmel, gedämpftes Salutieren und Grüßen; plötzlich wurde eine Schiebetür in der Täfelung aufgezogen. In der Öffnung erschienen nacheinander mehrere Gesichter, die mich flüchtig musterten – die beiden Russen, jeder mit einem kurzen Kopfnicken, ein mir unbekannter Offizier in einem Mantel mit Pelzkragen, dann tauchte im Türrahmen wie ein monströs in die Länge gezogener van Gogh das unverkennbare Antlitz des giraffenhalsigen Franzosen auf, der mich in den Bergen die letzten Schritte über die Grenze geleitet hatte. Er warf einen Blick auf mich und bedeckte in gespieltem Entsetzen die Augen.

Den Anblick meiner Person in Handschellen in der Todeszelle von Albacete schien er für eine besonders gelungene Unterhaltungseinlage zu halten. Er drehte sich um und redete hastig auf seine Kollegen im Nebenraum ein, ich vernahm sein schrilles, gallisches Gackern. Ich hörte, wie einige Befehle gegeben wurden, man löste mir die Handschellen und schickte mich zurück in die Kaserne. Die zwei Russen, Tomasina, das Mädchen, der

Junge, die lange Nacht des Zitterns und der Tag der Vorbereitung auf das Unvermeidliche – all das war mit
einemmal vorüber. Plötzlich und unerklärlich war ich
wieder zu einem freien Mann geworden, und ein Wort
des kleinen französischen Führers hatte bewiesen, daß
er mehr Einfluß hatte als alle anderen zusammen.

Ich überquerte in der roten Abenddämmerung den
Platz und begegnete auf dem Weg in die Kaserne Sam,
der in entgegengesetzter Richtung unterwegs war. Ohne
ein Wort der Begrüßung oder auch nur eine augen-
zwinkernde Anerkennung drückte er mir den Packen
Abschiedsbriefe in die Hand, die ich am Vortag geschrie-
ben hatte.

Nach meiner Entlassung in die Truppe und in die Halb-
freiheit einer laxen Routine suchte ich die Gesellschaft
der Veteranen und hörte mir ihre Bramarbasierereien
an. Albacete, der Stützpunkt der 15. Brigade, diente
außerdem als Erholungslager und als Informationszen-
trale des Geheimdienstes. Ich war in einem Zustand nai-
ver Unwissenheit in Spanien eingetroffen, doch sehr
schnell erfuhr ich das Nötigste über die augenblick-
lichen Realitäten. Nach den grausamen Schlachten des
Spätsommers, insbesondere an der Front in Aragón,
waren die Kriegshandlungen mittlerweile ein wenig
eingeschlafen. Die Republikanische Armee kontrollier-
te noch etwa ein Drittel des Landes, darunter als Kern-
gebiet die gesamte Ostküste von den Pyrenäen bis nach
Almería. Die Front gegen Franco verlief in einer losen,
ausgebeulten Zickzacklinie von Norden nach Süden,

wobei die Truppen des Generals in der Mitte eine ge-
fährliche Delle geschlagen hatten. Zwar besaßen auch
wir eine schwache Landzunge, die nach Westen Richtung Portugal ausgriff, aber im Nordosten hatte Franco
mit der Eroberung von Teruel in den Bergen eine große
Kerbe in unsere Linien geschlagen, so daß er kaum acht-
zig Kilometer vom Meer entfernt stand und das republikanische Territorium in zwei Hälften zu zerschneiden
drohte.

So kritisch die Lage auch gewesen sein mag, es war dennoch eine Zeit voll wahnwitzigem Optimismus, und
alle Welt redete von einer neuen Offensive, mit der wir
Teruel zurückgewinnen würden. Selbst jetzt zögen
noch Truppen in die eisigen Berghöhen, um die Stadt
zu umstellen. In einer olympischen Schlacht sollte sich
das Blatt des Kriegsglücks wenden.

Bislang war die Sache ausschließlich von spanischen
Truppen ausgefochten worden, und manch einer mut-
maßte, unser Generalstab wolle ihnen den ganzen
Ruhm vorbehalten. Die Internationalen Brigaden blieben daher in und um Albacete »in Wartestellung« –
flickten ihre ramponierten Waffen, ordneten ihre Bataillone und waren fest davon überzeugt, jeden Augenblick an die Front gerufen zu werden.

Bis es soweit war, drängelten sich Neulinge und Veteranen in den feuchten Cafés der Stadt, tranken Eichelkaffee und drehten sich Zigaretten aus getrockneten Ei-
chenblättern und Bergkräutern. Wir bezahlten unsere
Getränke nicht in klingender Münze, sondern mit eigens gedruckten Wertmarken, auf denen das Stadtwap-

pen zu sehen war. Zu essen gab es Bucheckern, die auf Backblechen geröstet wurden. Obwohl wir uns in einem Sammellager befanden, gab es kaum offizielle militärische Übungen; um uns aufzuwärmen, exerzierten wir gelegentlich in den Straßen und marschierten an salutierenden Kommandanten vorbei, die mitten im Schneetreiben auf umgestülpten Weinfässern thronten und erschöpft oder amüsiert oder gelangweilt dreinschauten.

Ich entsinne mich noch heute mancher ihrer Namen und Persönlichkeiten – Jock Cunningham, Pat Ryan, Tom Wintringham, Paddy O'Daire –, eng umgürtete Gestalten mit schwarzem Beret und schwarzem Regenmantel; sie waren die dunklen Schatten der kommenden Ereignisse, die inoffizielle Vorhut eines unmittelbar bevorstehenden Weltkriegs, und kannten seine vernichtende Wirklichkeit schon viel besser als all die wirrköpfigen Feldmarschälle in den Armeen Großbritanniens oder Frankreichs.

Fred Copeman war ein weiteres Exemplar dieser Gattung – ein Veteran der Schlacht von Brunete und mein früherer Streikführer, als ich noch in Putney auf dem Bau arbeitete. Hier in Spanien sah ich sein hartes, hungriges Gesicht wieder, das durch die Schlachten und Entbehrungen noch eingefallener wirkte als seinerzeit während der Arbeitskämpfe daheim zu Beginn der dreißiger Jahre. Als er mich erkannte, blitzte in seinen harten Augen kurz eine frostige Wärme auf. »Der Poet vom Bau«, sagte er. »Hätte nie gedacht, daß du es schaffst.« Heizer Copeman war für seine Rolle bei der

Meuterei auf der Invergordon auf dem Marinestütz-
punkt Scape Flow berühmt, ein kantiger, hohlwangiger
Revolutionär aus der Arbeiterklasse und der Archetyp
eines jeden Kommandanten im britischen Bataillon; er
überlebte die ärgste Schlachterei des Krieges, bei der so
viele seines Schlages zu Tode kamen, und wurde nach
seiner Rückkehr zum Chefberater des Zivilschutzes im
Londoner Stadtteil Westminster.

Mit unbegreiflicherweise stetig wachsendem Kampf-
geist und unter den grüblerischen, oft auch zynischen
Blicken von Leuten wie ihm marschierten wir Freiwillige durch Albacete und brüllten in gebrochenem Spanisch die neu erlernten Parolen: »Oo-achay-pay! No Pasaran! Muera las Fascistas! Salud!«

Wenn schon nicht mit Gewehren, so kämpften wir doch
mit Worten. Ja, nur die wenigsten von uns waren überhaupt im Besitz von Gewehren. Wir marschierten, um
Lärm zu machen, uns warm zu halten und um uns
immer wieder zu bestätigen, daß wir noch am Leben
waren. Mit hocherhobenen rechten Armen boxten wir
Löcher in die eisige Luft, doch unsere Fäuste umschlos-
sen keine Waffen, sondern nur eine gähnende Leere.

Nach meiner Rückkehr in die Kaserne begegnete man
mir zuerst mit einigem Mißtrauen, und ich kann nicht
behaupten, daß mich das überrascht hätte. Man wird
nicht vom Appellplatz abgeführt, unter Bewachung in
die »Todeszelle« gesteckt, drei Tage lang verhört und
mit Tomasinas Letzter Ölung bedacht, um plötzlich
wieder als freier Mann mitsamt allen Habseligkeiten

wie Büchern, Tagebuch und Geige entlassen zu werden, ohne daß man ein paar Fragen beantworten oder Erklärungen abgeben müßte. Natürlich ging jeder davon aus, daß ich als Spitzel in die Truppe zurückgeschickt worden war, und machte einen großen Bogen um mich.

Oder wie Danny, mein schmächtiger Londoner Freund aus Figueras, ohne Umschweife bemerkte: »Wir ham uns Sorgen gemacht deinetwegen. Tun wir noch, wenn du weißt, was ich meine.« Er griff sich an die Nase und kicherte spitzbübisch. »Wenn die Geheimdienstfritzen mal wen in der Mangel ham, lassen sie ihn normal so schnell nich' wieder laufen. Wir dachten, da muß er wohl Schwein gehabt ham oder so?«

»Bloß eine kleine Verwechslung«, murmelte ich, und Danny meinte: »Hab ich's nich' gesagt, Jungs?« Während der nächsten Tage wurde ich scharf beobachtet oder mit falscher, leutseliger Kameradschaftlichkeit behandelt. Dann ging die Neuigkeit um, daß »Monsieur Giraffe«, der allen bekannt war, für mich gebürgt hatte; und überdies habe eine mysteriöse Autorität in Madrid ein gutes Wort für mich eingelegt. Ich verstand das eine Gerücht, das andere jedoch nicht. Doch auf jeden Fall schienen sich die meisten meiner Kameraden damit zufriedenzugeben.

Es war kalt. Wir spielten Karten. Die Mahlzeiten bestanden aus schwarzgefrorenen Kartoffeln und Bohnen in Cornedbeefsoße oder schlimmerem. Es war eine Zeit der Muße, aber auch des Wartens: hitzige Debatten gab es, Streitereien oder eine plötzliche Prügelei, aber auch

verträumte Techtelmechtel in den dunklen Winkeln
der Kaserne. Ben aus Brooklyn hielt politische Vorträge,
die oft gut besucht waren und in denen er uns eine Welt
ohne Verrat und Schlachtereien ausmalte. Mit seiner
ruhigen, brüchigen Stimme und seinem weichen jüdi-
schen Akzent verwandelte er das spröde Geklapper
kommunistischer Dialektik in ein Labsal aus Idealismus und Liebe.

Er hockte im Schneidersitz auf seinem Bett, die Feldmütze bis über die Ohren herabgezogen, die großen
Augen schmolzen dahin wie warmes zuckerbraunes
Karamel; seine Botschaft hätte gut und gerne eine üble
Verdrehung der Tatsachen sein können, aber sowohl
Veteranen, die dem Tod bereits ins Auge gesehen hatten,
als auch Neulinge, die ihn kaum von Ferne gerochen
hatten, verspürten irgendwie das Bedürfnis, ihm zuzu-
hören. Erstaunlicherweise war er der einzige, der je ein
gutes Wort für die Faschisten übrig hatte und sie als
»Milchreisbubis« und »Kindergartenhalsabschneider«
bezeichnete. In seinen Unterrichtsstunden, die auf dem
schwarzen Brett angekündigt und daher vermutlich mit
offiziellem Segen abgehalten wurden, drängten sich
gleichermaßen alte Kämpen und Frischlinge. Nach etwa
einer Woche verschwand Ben spurlos. Man munkelte, er
sei in einer Seitenstraße zusammengeknüppelt und ver-
schleppt worden. »Faschistenspitzel«, sagte einer.

Viele von uns schliefen mittlerweile auf dem Kasernen-
boden und benutzten matschige Strohsäcke als Matrat-
zen. Es war so kalt, daß wir begonnen hatten, die Ar-
meebetten zu verfeuern, nachdem eines davon zufällig

durchgebrochen war. Wir verbrannten das Holz in einem Ölfaß, in das wir Löcher geschlagen hatten, und saßen nachts in unsere Ponchos gewickelt um den Ofen herum. Doug war dabei und Danny, auch Guasch, wenn wir ihn leiden mochten, sodann ein Knochengestell von einem Schweden und ein Yankee mit Krücken – eine jener legendären Gestalten, die mit einer einzigen Bewegung Tabak in ein Papierchen füllen, es zu einer Zigarette drehen, anfeuchten, verkleben und anzünden können.

Der Yankee und der Schwede, die im Lichte der Flammen wie flackernde Statuen wirkten, schienen von unvorstellbaren Erlebnissen gezeichnet. Ihre Augen waren tief in dunkel leuchtenden Höhlen versunken, und wirkten dennoch auf merkwürdige Weise abwesend und losgelöst. Bei beiden hatten die Gesichtszüge den Ausdruck erschöpften Wahnsinns angenommen, der durch die gleichmütige Bitterkeit ihrer Worte noch unterstrichen wurde.

Sie hatten beide an der Offensive in Aragón teilgenommen. Der Yankee sagte, er hoffe, die Briten schickten inzwischen nicht mehr solchen Ausschuß. Der Schwede meinte, es sei ihm ganz egal, was sie schickten, solange er nach Hause entlassen werde, und schaukelte unterdessen sachte hin und her, als sitze er in einem Bus auf holpriger Landstraße.

»Du kommst nicht nach Hause«, sagte der Yankee. »Du hast noch zwei Beine – die kann die Armee noch gut brauchen.«

Er drehte ihm behende eine Zigarette und hielt sie ihm

an den Mund. Der Schwede leckte sie ab, zündete sie an, sog den Rauch ein und keuchte.

Aragón sei die reinste Verarschung gewesen, meinte der Yankee. Keine Artillerie, keine Flugzeuge, keine Zeitplanung, keine Führer, alle seien wie die Kaninchen durch die Gegend gerannt. Er sei MG-Schütze, habe sogar eine wunderschöne Dichterer gehabt – nur leider die falsche Munition. Deshalb hätten sie ihm den Arsch weggeschossen. Könne von Glück reden, daß er noch am Leben sei. Von seinen Kameraden sei keiner mehr übrig.

Sie hätten sich auf einem Hügel bei Belchite verschanzt gehabt, als der Gegenangriff der Faschisten kam. In Null Komma nichts umzingelt; konnten weder schießen noch flüchten. Die Moros hätten seine Kameraden gefangen und einem nach dem anderen die Kehle durchgeschnitten; ihn selbst hätten sie von einer Brücke geworfen, beide Beine gebrochen. Zwei Tage habe er dort halb bewußtlos gelegen, dann sei er zur Straße hochgekrochen. Inzwischen habe sich die Front verschoben gehabt und ein Proviantwagen des Bataillons habe ihn aufgelesen.

Er erzählte seine Geschichte in verbissen wegwerfendem Tonfall – seine Sätze waren von stiller Grausamkeit, aber ohne jedes Pathos. »Man hat uns verflucht ans Messer geliefert. Lämmer auf dem Weg zur Schlachtbank. No pasaran! Die sind einfach über uns wegpasaraniert.« Leicht affektiert beschrieb er den spanischen Offizier, der das Durchschneiden der Kehlen überwacht hatte, das Blut auf seinem Hemd und seine tuntigen weißen Hände.

»Und weißt du, was sie mir gaben, als ich zurückkam?«
fragte er. »Sollte wohl so eine Art Willkommensge-
schenk sein.« Er schob langsam seine Krücken beiseite,
löste einen Gegenstand von seinem Gürtel und reichte
ihn mir wortlos. Es war eines jener mörderisch scharfen
Klappmesser, die seit Jahrhunderten zu den berüch-
tigten Spezialitäten der Stadt Albacete gehören. Ich
schnippte das Blatt aus der hörnernen Scheide, und der
Stahl glänzte rot im Lichte des Feuers. Über die ganze
Länge der Klinge waren in alten Lettern die folgenden
Worte eingraviert:

NO ME SAQUES SIN RAZON
NO ME ENTRES SIN HONOR

»Öffne mich nicht ohne Grund, und wenn du mich ein-
steckst, dann nicht ohne Ehre«, erklärte der Yankee feierlich.

TARAZONA DE LA MANCHA

Schließlich wurden die Unerfahrensten unter uns herausgepickt und auf offenen Lastwagen quer durch die Ebene nach Tarazona de la Mancha verschickt. Dort, etwa fünfzig Kilometer nördlich, befand sich das Ausbildungslager der 15. Brigade. Es war der nächste gemächliche Schritt in unserer Vorbereitung auf den Kampf. Keiner von uns hatte je ein Gewehr abgefeuert oder auch nur in der Hand gehalten, aber in Tarazona, so wurde uns versichert, werde man Abhilfe schaffen.

Ein halbes Dutzend Laster karrte uns über den gefrorenen Fluß La Gineta und holperte weiter über das Plateau. Die Sonne funkelte im Schnee, als führen wir durch einen arktischen Sommer, dunkle Pinien standen verloren in der Gegend. Ausnahmsweise war kein Windhauch zu spüren, und trotz der klirrenden Kälte verkürzten wir uns die Fahrt durch Gesang.

Als wir in die wartende Stadt einzogen, verstummten die Lieder. Tarazona de la Mancha wirkte hart und trostlos wie ein Stück verrostetes kastilisches Eisen. Die Armut der schneebedeckten Hütten, die dichtgedrängt den matschigen Marktplatz säumten, erweckte den Eindruck eines beinahe sibirischen Elends. Gedrungene, vermummte Gestalten schlichen durch die Straßen, eine jede in ihren eigenen Kokon gehüllt; das kalte Schweigen des Ortes und seiner Bewohner schien vom Gefühl einer sinnlosen Gefangenschaft geprägt, die für Weichheit, Wärme, Zärtlichkeit oder Menschenfreundlichkeit keinen Platz ließ. Hier lag Spanien bereits tot darnieder wie ein gefrorener Kadaver, und es schien, als seien wir trotz all unserer anfänglichen Begeisterung zu spät gekommen – zu spät nicht nur als Retter, sondern auch als Aasgeier in der Nacht.

Schon Albacete war ziemlich heruntergekommen gewesen, aber ich entsinne mich des glasigen Erstaunens in den Augen meiner Kameraden, als wir von den Ladeflächen heruntersprangen und unsere Blicke über den scheinbar ausgestorbenen und vom Krieg gebeutelten Platz schweifen ließen. Unsere ersten Vorahnungen entsprachen jedoch nur halb den Tatsachen; es gab in der Stadt durchaus noch einen Rest militärischen Lebens – aus den Nebenstraßen und Häusern traten einzeln oder in Zweiergrüppchen Soldaten und verschwanden wieder, als nähmen sie an einem komplizierten innerstädtischen Manöver teil. Sie waren in verwegene Lumpen gekleidet, deren Zusammenstellung sich offenbar von selbst ergeben hatte. Manche von ihnen trugen Körbe voller Kartoffeln, Feuerholzbündel oder Teile zertrümmerter Möbel bei sich.

Mit einemmal bellte uns die Stimme einer Autoritätsperson an, die mitgebracht zu haben wir uns nicht erinnern konnten; wir sollten uns in Reih und Glied aufstellen. Wie aus dem Erdboden gewachsen, tauchte vor uns eine drollige Figur auf, die ein politischer Kommissar zu sein behauptete, und hielt eine kurze Ansprache. Ich erinnere mich gut daran, weil der Mann trotz der Kälte unter seinem zerfransten Poncho lediglich einen Pyjama trug. Er sagte, wir seien genau zum rechten Zeitpunkt gekommen, der Sieg sei nun in Reichweite und zum Greifen nahe, es bedürfe dazu nur noch einer letzten Anstrengung, die jedoch von unserer ideologischen Disziplin abhänge. Während er sprach, hüpfte er auf und ab und hielt sich krampfhaft den Bauch wie ein kleiner Junge, der dringend aufs Klo muß. Er trug löchrige alte Pantoffeln, aus denen vorne die Zehen lugten.

Das war unsere Begrüßung. Wir marschierten zu unserer Kaserne, einem abseits gelegenen Lagerhaus mit klaffenden Löchern im Dach. Wir wurden namentlich aufgelistet, numeriert und abgestempelt, und jeder erhielt eine druckfrische Hundertpesetanote. Ich betrachtete mein Vermögen mit einiger Verwunderung, hatten mir doch bei meinem letzten Besuch in diesem Land fünf Peseten fast eine ganze Woche gereicht. Gedankenverloren strich ich über die kunstvolle Gravur und das Wasserzeichen und stellte mir vor, welch fürstliche Exzesse mir diese Note vor nicht allzu langer Zeit noch ermöglicht hätte. Ich machte mich auf den Weg in die Stadt, um zu erkunden, was die Geschäfte feilzubieten hatten, fand aber nur einen Laden, der Bucheckern verkaufte.

Der zentrale Platz von Tarazona, der einst einen rauhen, verblichenen Charme besessen haben mußte, war schwer von den Heimsuchungen des Krieges gezeichnet. Zwar hatte die Stadt bislang keine Kämpfe erlebt, aber das Verschwinden des gesamten Alltagslebens und eine plötzliche Empörung gegen die Vergangenheit hatten überall grausige Spuren hinterlassen. Die Hauptleidtragende war natürlich die alte Kirche, deren aus rotem Stein gehauener, hochfahrender Bau finster und gespenstisch auf den Platz herabblickte. Schon das Äußere wirkte blind, kahl und gesichtslos, das Innere glich einer leeren, alten Scheune – Wände und Kapellen waren ihres Schmuckes beraubt, der Altar ausgeräumt, die Ornate verschwunden. Ich mußte an unseren eigenen Bürgerkrieg denken und an Cromwells Gefolgsleute, die den Heiligenfiguren die Gesichter abhackten und ihre Gäule in den Kirchen einquartierten.

Nun herrschte im Innern der Kirche von Tarazona eine geheimnisvolle, fast mittelalterliche Geschäftigkeit, die andächtige Stille und das rituelle Geklingel waren einer profanen Wiederinbesitznahme durch das Volk gewichen. Soldaten schliefen entlang den Wänden unter zerschlagenen und entstellten Heiligen oder hockten um flackernde Lagerfeuer, deren Rauch in sonnendurchfluteten Wolken zu den zerborstenen Buntglasscheiben unter dem Kirchendach aufstieg. Beständig hörte man brodelnde Wasserkanister, streitende, singende oder fluchende Männer, die über schlafende Genossen stolperten, manchmal das helle Geläut der Glocken, wenn einer zur Leibesertüchtigung oder aus

Unfug am Seil turnte, oder das plötzliche animalische Gekreische lachender Frauen.

Überall im republikanischen Spanien standen Kirchen wie diese, überragten seit Menschengedenken als Bollwerke des Glaubens noch die ärmlichsten Dörfer, beherrschten das Leben der schwarzgekleideten Landleute und gängelten mit ihren furchteinflößenden Liturgien, wachsgezogenen Madonnen, Folterbildern des Gekreuzigten, kitschigen Heiligen und vergoldeten Himmelsvisionen deren Seelen; fast überall wurden diese Kirchen enteignet, ausgeräumt, leergefegt, ihrer Mysterien und heimlichen Mächte beraubt und als gewöhnliche Versammlungsorte einem ganz und gar weltlichen Gebrauch zugeführt.

Dennoch fiel mir bei der Besetzung der Kirche von Tarazona etwas Besonderes auf. Die Soldaten, die sich dieser einst heiligen Räume nach Belieben bedienten, benahmen sich eine Spur zu laut und zu kernig, während die Dorfbewohner, die hier wahrscheinlich regelmäßig die Messe gehört und im Beichtstuhl ihre innersten Geheimnisse offenbart hatten, das respektlose Treiben halb scheu, halb bestürzt beobachteten und von Zeit zu Zeit wie ungezogene Kinder ob ihrer eigenen Schamlosigkeit in hysterisches Lachen ausbrachen.

Wir verbrachten den ersten Abend damit, über dem Lagerfeuer Glühwein zu kochen, um den schalen Geschmack des Rebensafts zu übertönen. Neben mir saßen Doug, Danny und Ben aus Brooklyn, der auf wundersame Weise wiederauferstanden und von allen Verletzungen und Verdächtigungen, die ihm der Hinterhalt in Albacete eingebracht haben mochte, vollständig genesen war. Auch Sascha, ein hünenhafter Weißrusse aus Paris, gesellte sich neuerdings zu uns.

Danny hatte eine Trockenwurst aufgetrieben, die wir an Spießen im Feuer brutzelten. Gigantische Schatten huschten über das Deckengewölbe und erstarben flackernd auf den Wänden. Wir fühlten uns unwohl; noch immer hatten wir uns nicht an die Stimmung im Dorf gewöhnt, an diese fast schon grausame Gleichgültigkeit und Niedergeschlagenheit. Wir wußten weder, wofür wir uns bereit machten, noch, was der Feind für uns bereithielt. Während wir den heißen, sauren Wein schlürften, rezitierte Sascha Gedichte von Majakowski, aber Ben behauptete, sie klängen auf Jiddisch viel besser. Die beiden begannen zu streiten, und Danny stimmte lustlos und näselnd ein paar krächzende alte Varietélieder an, bis Doug ihm eine Decke über den Kopf stülpte.

Schließlich verabschiedeten wir uns von den goyanischen Feuern und Rauchschwaden im Dämmerlicht der Kirche und stiefelten in die eisige Kaserne zurück. Die Wachen, die sich in ihre Kapuzenmützen und Ponchos eingewickelt hatten, kauerten reglos im Torbogen, auf ihren Bajonetten spiegelte sich der Mond. Es schien sie keinen Deut zu interessieren, ob wir Moros oder Ungläubige waren. Wie lahme Hunde vergruben sie sich in der Kälte.

In der Kaserne schien der Boden zur Gänze von schlafenden Männern bedeckt, aber in einer Ecke entdeckten wir doch noch ein freies Plätzchen.

»Übrigens«, meinte Doug, während er sich im Stroh ein-
nistete, »ich hab heut' dein Schnucki gesehen. Du weißt
schon, die Kleine aus Figueras. Die ihren Vater um-
gebracht hat – oder war's der Großvater? Was weiß ich,
jedenfalls sah ich sie mit 'nem Hauptmann die Straße
runterfahren.«

Noch ehe der Morgen anbrach, wurde ich vom Klang einer Fanfare geweckt – es war ein reiner und kalter
Klang, der spitz wie ein Eiszapfen aus dem winterlichen
Dunkel zu uns in den Schlafsaal drang. Trotz unseres
bleiernen Schlafs und den geknurrten Protesten, uns in
Frieden weiterdösen zu lassen, begannen einige mit der
Zeit diesen Weckruf zu lieben, dessen kristallene Ton-
folge durch die Stille der Morgendämmerung hallte
und uns mit gespenstischer Sanftmut aus dem Schlaf
rüttelte. Natürlich gab es auch Kameraden, die das kleine Arschloch von Trompeter verfluchten, aber insgesamt war die Brigade stolz auf ihren Bläser; er gehörte
nicht zu den aufgeblasenen Blechtyrannen, die gegen
den Schlummer anschmettern, solange die Spucke
hält, sondern setzte seine getragenen Töne wie Kontra-
punkte den klirrenden Sternen entgegen und zog sie in
die Länge, als handle es sich um feines venezianisches
Glas.
Später erfuhr ich mehr über unseren Trompeter. Es war
kein Soldat, sondern ein dreizehnjähriger Chorknabe
aus Cuenca. Unser Kommandeur hatte ihn spielen hören, ihn entführt, seine Ausweispapiere vernichtet und
ihn als umhätschelten Gefangenen nach Tarazona ver-

schleppt. Manchmal sah man ihn auch bei Tage, schön wie ein Mädchen schlurfte er in seiner viel zu groß geratenen Uniform an uns vorbei. Einmal sprach ich ihn an, aber er antwortete mir auf Kirchenlatein und war offensichtlich darauf bedacht, in Frieden gelassen zu werden. Tatsächlich sah man ihn immer nur allein, einsam hastete er durch die Seitenstraßen oder stahl sich aus dem Dorf, um sich tagsüber in den Feldern zu verstecken. Nur im Dunkel der Morgendämmerung oder zum Lichterlöschen bezog er unsichtbar seinen Posten und sandte seine zarten und flüchtigen Signale aus.

Nach dem Weckruf gestatteten wir uns den Luxus, noch eine kurze Weile liegenzubleiben, bis der zuständige Frühstückstrupp in großen runden Blechbüchsen den Kaffee hereinbrachte, der draußen im Schnee auf Holzfeuern erhitzt worden war. Das Getränk wurde mit Suppenkellen in unsere Becher geschöpft und hatte zwei nennenswerte Vorzüge: seine Farbe und seine Wärme. Der Geschmack hingegen erinnerte an Kesselschmiere. Unser kleiner, dicker Kompanieführer namens Terry, ein etwa vierzigjähriger ausgedienter Korporal aus Swansea, begann gegen sechs Uhr dreißig in der Kaserne herumzubrüllen. Er hatte sich ein außerordentlich kriegerisches Exerzierplatzschnarren angewöhnt, das einem das Blut in den Adern gerinnen ließ und das er selbst dann noch fortsetzte, wenn niemand mehr im Raum war.
Die Kompanie stellte sich draußen in der vereisten Gasse in Dreierreihen auf, die langen Kerle vorneweg, die

Winzlinge hinten, eine Anordnung, die an die Auslage eines Gemüsehändlers erinnerte; nach einigem Hin und Her marschierten wir schließlich in Richtung Marktplatz davon.

Der Morgenappell schien der einzige Zeitpunkt, an dem sich unser trauriges kleines Dorf einen Ruck gab und eine gewisse Zielstrebigkeit und Stärke an den Tag legte. Dann kamen alle Männer des Bataillons aus ihren Winkeln und Höhlen gekrochen und nahmen unter dem morgenroten Himmel vor unserem schmucken, kleinen Kommandeur Aufstellung.

Die Truppe als solche war kaum bemerkenswert, es sei denn, man wollte sich von der geordneten Ansammlung von Kuriositäten oder unserem einfältigen Heroismus beeindrucken lassen. Wir paradierten mit hocherhobenen Fäusten, unsere zerrissenen Mäntel flatterten im Wind, und mit etwas Glück durften sich je drei von uns untereinander einen Schießprügel teilen. Wußten wir, als wir dort standen, daß wir gegen die aufsteigenden Militärmächte Europas in Stellung gegangen waren, daß wir uns den windelweichen Ausflüchten unserer vermeintlichen Freunde und dem tödlichen Zynismus der Sowjetmacht ausgeliefert hatten? Natürlich nicht. Obwohl wir in unseren liederlichen, abgewetzten Uniformen eher wie Kriegsgefangene als wie Kreuzfahrer ausgesehen haben dürften, waren wir fest davon überzeugt, daß wir eine unbesiegbare geistig-moralische Waffe besaßen und daß wir in den Augen der Welt und der Engel auf der richtigen Seite kämpften. Wir mußten erst noch die bittere Erfahrung machen, daß bloßer Idealismus noch niemals einen Panzer zum Stehen brachte.

Nach dem Appell exerzierten wir im Schnee – kleine pummelige Gestalten, die durch die Felder rannten und hüpften, ein jeder in Mantel und Schal eingewickelt, als sei er einem Bild von Brueghel entsprungen. Eine ähnlich mittelalterliche Stimmung herrschte auf den Straßen der Stadt, wo die freigestellten Soldaten um die unvermeidlichen Lagerfeuer hockten oder umhertollten wie die Kinder, sich Schneeballschlachten lieferten und auf dem Eis um die Wette schlitterten.

Der Kompanieführer nahm Doug, Sascha und mich beiseite und drückte uns eine alte Maxim in die Hand. Wir sollten das Maschinengewehr auseinandernehmen, reinigen, wieder zusammensetzen, damit schießen und uns ganz allgemein mit dem Ding vertraut machen. Ich weiß nicht, warum, aber er hielt uns wohl für ein gutes Team. In einem eisigen Keller neben der Kirche nahmen Doug und ich das Gewehr auseinander, und Sascha montierte es wieder zusammen. Wir versuchten ein-, zwei-, dreimal damit zu feuern, aber die Maxim klemmte. Der riesenhafte Sascha fluchte. Dann setzte Doug das Gerät zusammen, und es funktionierte. »Dämlicher Russe«, schimpfte er, aber Sascha fühlte sich kein bißchen beleidigt; er umarmte Doug und schenkte ihm eine Prise Tabak.

Am Abend standen wir im Schnee zum Essen an. Der Tag war anstrengend gewesen, aber das Essen ließ auf sich warten. Wir sangen und grölten in der Gasse vor der Kantine und schlugen mit Löffeln und Gabeln auf

die Teller. Als das Essen endlich ausgeteilt wurde, erhielten wir die übliche Portion harte Bohnen mit knor-
peligen grauen Fleischstückchen. Aber es beklagte sich
keiner; wir hatten Eselsfleisch zu essen und aßen besser
als die meisten in Spanien.

Ich entsinne mich, daß wir einige Tage nach unserer
Ankunft in Tarazona aus besonderem Anlaß in aller
Frühe geweckt wurden. Gegen fünf Uhr erklangen die
Fanfaren. Terry veranstaltete ein großes Geschrei, und
zum Teil übertrug sich seine Erregung auf die anderen.
Es hieß, wir sollten uns ein wenig herausputzen und
zur Feier des Tages gar rasieren. Ein Sack voller nagel-
neuer Feldmützen mit Troddeln wurde herumgereicht,
aber nachdem wir sie anprobiert hatten, warfen die
meisten sie fort.

Man ließ uns jedoch nicht zum Übungsplatz marschieren, sondern in die dunkle Kirche, wo wir uns vor einer
Bühne postierten, die den Altar halb verdeckte. Unsere
Kleider waren durchnäßt, wir husteten und schnieften
und scharrten unruhig mit den Füßen. Elektrische
Glühbirnen wurden eingeschaltet, die Spannung wuchs,
finster blickten wir auf die leere Bühne und beklagten
uns über den entgangenen Schlaf.

Plötzlich sprang ungestüm wie ein junger Stier ein kleiner Mann aufs Podium, ein Minotaurus in kurzem Fell-
mantel, mit glänzender Halbglatze und stechenden
dunklen Augen, die unter gebieterischen Brauen her-
vorlinsten.

»Genossen!« rief er. »Es ist mir eine große Ehre, endlich
hier vor euch zu stehen – vor euch, den heldenhaften

Verteidigern der Demokratie, den siegreichen Kämp-
fern gegen die faschistischen Horden . . .« Es war Harry
Pollitt, der Vorsitzende der britischen Kommunisti-
schen Partei.

Wo war er hergekommen, und was hatte er um diese
Stunde hier zu suchen? fragte ich mich. Er war gekleidet, als sei er auf dem Weg zu seinem Büro in der Londoner King Street, und nicht, als stünde er in aller Herr-
gottsfrühe vor einem Kirchenaltar in La Mancha. Etwa
eine halbe Stunde lang schlug er uns faustschwingend
mit einer rasanten Rede in Bann, bis wir ihm allesamt
mit erhobenen Armen zujubelten. Pollitt war ein be-
gnadeter politischer Redner, er besaß die Gabe, einen
schlotternden und griesgrämigen Haufen von Männern
um sechs Uhr dreißig in der Früh in Ekstase zu verset-
zen, indem er sie mit den kurzen, scharfen Salven seiner provozierenden Rhetorik bombardierte, bis jeder
von ihnen nach dem Sieg schrie. Pollitt hatte einen selten kämpferischen Stil, er rief uns zu neuen Blutopfern
auf, zur Massensolidarität und zu weiteren militanten
Heldentaten vergleichbaren Kalibers; selbst seine Kli-
schees waren so spitz, daß man sie als Projektile und
Wurfgeschosse verwenden konnte.

Das Feuer und der Fanatismus, die dieser von der Reise
erschöpfte kleine Mann inmitten der Winterdämme-
rung aus sich herausholte, verblüffte jeden von uns. Es
war das erste Mal, daß ich einen professionellen Arbei-
terführer in Aktion erlebte, der seine Worte wie Fanfa-
renstöße und Schlachtrufe einsetzte. Trotz unseres allgemein abflauenden Enthusiasmus überzeugte er uns

mit wenigen Sätzen, daß wir nicht nur Franco, Hitler
und Mussolini zerschlagen, sondern die ganze Welt für
die Arbeiterklasse erobern würden. Wir waren allesamt
Helden, und er, der da überlebensgroß, glanzvoll, edel
und vom Pathos geschüttelt vor uns auf der Bühne
stand, war unser umjubelter Führer.

Dann war plötzlich alles vorüber, der magische Bann
hatte sich aufgelöst. Pollitt sprang vom Podium, um
sich unter die Männer zu mischen, und war sogleich
von einer drängelnden Menge umgeben. Aber nicht
etwa, um ihm begeistert auf die Schulter zu klopfen
oder ihn im Triumph durch die Stadt zu tragen. Nein,
die Männer zupften ihn an den Ärmeln und schütteten
ihm ihre kummervollen Herzen aus, nicht wenige wollten nach Hause. »So geht's nicht weiter«, meinte einer.
»Seit über neun Monaten sitz ich hier fest. Hab Urlaub
beantragt und noch nicht mal einen Bescheid gekriegt.
Wann passiert da endlich was, Genosse? ... Häh? ... « Unser morgendlicher Luzifer wich kleinlaut protestierend
zurück und hielt sehnsüchtig nach einer Fluchtmög-
lichkeit Ausschau. »Tut mir leid, Jungs – wirklich ... damit hab ich nichts zu tun ... tut mir echt leid, aber ich
kann da überhaupt nichts machen ... « Es war das letzte,
was ich von ihm sah.

Am Abend desselben Tages hörte ich eine junge Frauen-
stimme meinen Namen rufen. Ich ging in der Nähe der
Kirche spazieren und hätte geschworen, daß sich kein
einziges Mädchen mehr in Tarazona befand. Aber die
Stimme, die nach mir rief, hatte einen vertrauten, hal-

luzinatorischen Klang. Doug hatte recht gehabt, es war mein »Schnucki« aus Figueras.

»Lorenzo – mein kleiner Franzose.«

»Eulalia!«

Sie kam näher und lehnte sich an mich, vergrub ihre kleine Hand in der meinen und bat mich, sie zu ihrer Herberge zu begleiten. Sie sagte, sie arbeite für den Socorro Rojo – unter anderem. Sie habe gewußt, daß ich hier war, ein Freund habe es ihr mitgeteilt. Ob ich schon Faschisten getötet hätte? Was für ein Wunder, mich wiederzusehen – »Lorenzo! Mein kleiner Bruder aus Frankreich ...« – »England«, beharrte ich stur. Sie knabberte an meinem Ärmel und schlang sich wie ein schmaler Ledergurt um mich.

Ihre »Herberge« bestand aus einer winzigen, fensterlosen Mansarde in einem alten Haus und enthielt nichts als ein Bett und ein paar Plakate an den Wänden. Am Kopfende des Bettes standen eine Flasche Wein und zwei Gläser, und hinter der Tür hing der Überzieher eines Mannes.

Eulalia wandte sich um und strahlte mich an, wobei sie ihre Zunge zeigte, ihr Gesicht barst wie das braune Ei einer Schlange. Als ich sie im fahlen Licht der Glühbirne stehen sah, merkte ich, daß ich vergessen hatte, wie schön sie war, meine mörderische kleine Tänzerin, so grazil wie gefährlich. Sie trug eine enge Uniform, die ihre schmale Taille umspannte. Die Haare hatte sie kurz geschoren. Sie sah aus wie ein zehnjähriger Knabe.

Sie setzte mich auf das Bett und schenkte mir ein Glas Wein ein.

»Socorro Rojo«, sagte sie. »Ich hab gehört, sie wollten dich erschießen?«

»Es war ein Irrtum.«

»Andauernd machen sie Fehler!« Sie hob meine Hand mit dem Glas an meinen Mund. »Mein armer kleiner Bruder. Aber sie haben dich nicht erschossen.«

»Was nicht ist, kann noch werden.«

»Später vielleicht. Nicht jetzt.«

Im fahlen, kalten Licht der Lampe öffnete sie behende ihre Uniform, schälte sich aus dem zerknitterten Grün, eine wunderlich pulsierende Frucht. Kaum hatte ich mich selbst ausgezogen, holte sie von der Tür den Überzieher, half mir hinein und schlüpfte selbst mit unter. Sie glühte vor Kälte und schlang sich um mich wie eine zweite Haut, ihre Lippen wanderten kreuz und quer über meine Brust. Trotz der Kälte atmete ich tief ihren unvergeßlichen Geruch, einen Duft, wie ich ihn an keinem anderen Menschen je bemerkt habe – eine Mischung aus frischen Pilzen und zertretenem Thymian, rauchigem Holz und brennenden Orangenzweigen.

Es kam mir nicht in den Sinn, das rätselhafte Zusammentreffen zu hinterfragen oder daran zu zweifeln, daß ein so glücklicher Zufall möglich sei. In meinem Alter konnte einen nichts überraschen. Ein Mädchen, das ich nur flüchtig aus einem in Gegenrichtung durch Reading fahrenden Zug gesehen, aber bleibend in Erinnerung behalten hatte, erschien plötzlich an meinem Tisch in einem Londoner Café. Oder ein anderes, das im Gedränge der Großstadt aus dem Bus gehastet war und bei dessen Anblick mir das Herz gestockt hatte, setzte

sich Tage später im Kino neben mich. Es sind jene selte-
nen, magnetischen Anziehungskräfte der Jugend, die
sich unsichtbar über das bunte und chaotische Treiben
der Menge hinwegsetzen.

Da fand ich mich nun in Begleitung dieses lyrischen
Mädchens wieder, das mich zum ersten Mal in jenem
fernen Keller von Figueras in den Armen gehalten, das
seine Ängste und seinen Haß den Ohren eines Fremden
anvertraut hatte und danach in einem Wirbel von Küs-
sen verschwunden war. Sechshundert Kilometer weiter
südlich war sie in einem leblosen, besetzten Dorf wie
zufällig aus dem Dunkel der Nacht aufgetaucht und
schmiegte sich nun erneut an mich, ich spürte ihre
gepeinigten, suchenden Hände über meinen Körper
streifen und hörte ihr vertrautes, unverständliches Geflüster. Das einzige, was ich inmitten der letzten, ver-
zweifelten Aufwallungen unserer gemeinsamen Nacht
begriff, war, daß sie in mir, dem kleinen Franzosen Lorenzo, Vater und Bruder gefunden hatte und mich niemals wieder aus den Augen lassen würde.

Ich kehrte vor dem Morgengrauen in die Kaserne zurück und schlich durch ein Loch in der Mauer, damit
mich die Wache nicht sehen konnte. Als ich mich neben
Doug ausstreckte, hob er kurz seinen Kopf und sagte,
man habe nach mir gefragt. Er wisse nicht, wer es gewesen sei, ein hohes Tier aus Albacete. Dann grunzte er
kurz und schlief wieder ein.

Am nächsten Morgen fingerten wir erneut an der Maxim herum, bis ich am Mittag aus der Kompanie geholt

und zu einem »Spezialeinsatz« abkommandiert wurde. Ich weiß nicht, ob mein alter Vernehmungsrichter Sam dahinter steckte oder wer sonst und wozu, aber mein neues Leben sollte sich höchst geheimnisvoll und undurchsichtig gestalten. Ich wurde zusammen mit ein paar anderen in einem kleinen Privathaus nahe dem Marktplatz einquartiert. Nur die wenigsten von uns besaßen die gleiche Staatsangehörigkeit. Unser Anführer hieß Kassell und stammte aus Marseille.

Boden und Wände des Gebäudes waren mit hübschen Kacheln gefliest, und zwischen romanisch-maurischen Säulen hindurch gelangte man zu einer Reihe winziger, unbeheizter Zimmer. Das Haus hatte vermutlich einem Advokaten oder Arzt gehört, dem Sohn eines örtlichen Grundbesitzers, vielleicht sogar einem Priester. Es war vollständig ausgeplündert worden, nur die elegante Architektur war geblieben. Wir kochten auf Reisigfeuern und schliefen auf dem Boden.

Die Unterschiede in unserer Gruppe waren aberwitzig, aber offenbar notwendig. Drei von uns sprachen Englisch, drei weitere Spanisch, aber als Lingua franca diente uns das Französische. Ich will gar nicht erst versuchen, das ganze Ausmaß unseres absurden Treibens zu schildern – Sitzungen, Rapporte, die schriftlich quittierte Ausgabe von Revolvern und Notizbüchern, der gemeinsame Streifengang zu zweit. Zu unseren Tätigkeiten gehörten Tarnung und Observation, Belauschen und Abhören, aber die meiste Zeit zerbrachen wir uns den Kopf darüber, was das Ganze eigentlich sollte. An manchen Abenden saßen wir gemütlich ums Feuer,

tranken Branntwein, musizierten und gaben uns redlich Mühe, uns ein wenig besser kennenzulernen.
Manchmal zweifelten wir auch am tieferen Sinn unseres Tuns, zumal wenn Mittel und Zwecke besonders
niederträchtig erschienen.

Ich vermag mich nach all den Jahren nicht mehr jeder
einzelnen Person in unserer Gruppe zu entsinnen; die
meisten von ihnen sind zu Figuren in einem dunklen
Schattenspiel verblaßt. Ich erinnere mich an unseren
Chef Kassell, dünn und biegsam wie eine entrindete
Birke, mit ausgehungertem Gesicht und fiebrigen Augen. Mit von der Partie waren Emile, ein buckliger, bärtiger holländischer Professor, Rafael, ein Zureiter aus
Jaen mit pfirsichfarbenen Wangen, zwei feminine kleine Belgier namens Jean und Pip, die aussahen wie ge-
schmeidige Lemuren, ein dunkler, schweigsamer Katalane, den wir Compadre nannten und der tatsächlich
früher einmal Mönch gewesen sein mochte.

Ich war spät in Tarazona eingetroffen, und das Lager, das einst den Internationalen Brigaden gedient
hatte, befand sich bereits in einem Zustand der Auf-
lösung. Die Bataillone der Interbrigadisten waren
politisch und physisch auseinandergebrochen oder gefallen, und überall machte sich ein neuer Nationalismus breit. Die gelichteten Reihen, in denen einst die
ahnungslose Jugend Großbritanniens und Europas
zum Kampf angetreten war, wurden nun durch offizielle Truppen der Republikanischen Armee verstärkt,
die aus dem Baskenland, aus Katalonien, Galizien, Ka-
stilien, Valencia, ja sogar von Mallorca kamen. In die-

sem kopflosen Durcheinander fiel unser Häufchen
nicht weiter auf und konnte ohne Anleitung und Aufse-
hen operieren.

Ich entsinne mich eines kleinen Auftrags kurz vor Weihnachten, der mir noch heute unwirklich erscheint und
dessen Sinn ich niemals verstanden habe. Kassell bestellte uns in einen der hinteren Räume des Hauses und
reichte eine Photographie herum, die wir uns einprägen
sollten. Sie zeigte einen schmächtigen Jungen mit hän-
genden Schultern, dunklen, sinnlichen Lippen und den
weiten, verträumten Augen eines Priesterzöglings oder
Poeten. Die Augenbrauen waren glatt wie bei einem Neu-
geborenen, das schmale Kinn endete in einer zarten
Rundung.

Kassell erzählte uns eine Geschichte, die nur schlecht
zu dem Gesicht passen wollte. Der Junge sei ein reicher
Mallorquiner, der Sohn eines Grafen und zugleich einer
der Helden des Aufstands von Barcelona. Ein hervorra-
gender Schütze und Sprengstoffexperte, habe er drei
führende Trotzkisten hingerichtet, sei danach selbst
entführt, gefoltert und zum Tode verurteilt worden. Er
sei seinen Häschern aber in Richtung Süden entkommen und vor kurzem in Albacete gesichtet worden. Man
nehme an, er sei auf dem Weg hierher.

»Wieso hierher?« wollte Emile wissen.

»Weil er weiß, daß er bei uns in Sicherheit ist«, antwortete Kassell.

Die beiden Belgier sahen einander an.

»Wie heißt er?« fragte der Holländer.

»Wer weiß«, sagte Kassell. »Könnte jeden Namen tragen.« Er drehte das Photo um. »Aber hier steht ›Forteza‹.« Also nannten wir ihn Forteza. Wir schwärmten aus und begannen unsere Suche damit, daß wir die Camiónes beobachteten, die morgens im Dorf eintrafen. Ich ging mit Rafael, und während wir so taten, als zählten und registrierten wir die Neuankömmlinge, musterten wir insgeheim jedes neue Gesicht. Die Lastwagen kamen schlingernd und mit dampfender Kühlerhaube auf der Plaza zum Stehen, und die Männer fielen von den Ladeflächen wie Schlammklumpen. Es war eine Ansammlung mutloser Fratzen, die im trüben Morgenlicht an uns vorbeidefilierte: bleiche, hungrige, abgestumpfte Angelsachsen, Slawen, Franzosen, Iberer. Aber von Forteza weit und breit keine Spur.

Zwei Tage lang paßten wir alle Transporte ab, durchkämmten Kirche und Kaserne sowie die Außenquartiere. In der zweiten Nacht wurden wir von Kassell zusammengetrommelt. »Er ist hier«, sagte er mit sorgenvoller Miene, »aber er will sich nicht zeigen.« Unsere Aufgabe sei es immer noch, ihn so schnell wie möglich aufzuspüren, ehe uns jemand anders zuvorkam und wir ihn nicht mehr beschützen könnten. Forteza sei ein wertvoller Genosse, jung und gefährlich, aber er werde gejagt. Er habe offenbar die Nerven verloren, nicht auszudenken, was geschehe, wenn er in die falschen Hände falle ...

Ich entsinne mich, daß ich geistesabwesend die hübschen Fliesen an der Wand anstarrte und beinahe in der Wärme des Holzfeuers eingedöst wäre. Kassells Stimme

redete in ruhigem Ton weiter; Emile hockte gebückt im
Schneidersitz und kritzelte Notizen auf den Rand eines
Buches; Jean und Pip spielten Reiseschach. Alle schienen auf etwas zu warten, aber zugleich herrschte eine
wohlige Gelassenheit.

Plötzlich war an der Tür ein dumpfes Klopfen zu hören.
Kassell machte auf. Als er zurückkam, lag eine merkwürdige Spannung auf seinem Gesicht. Er nahm Rafael
beiseite, die beiden blickten zu mir, dann gab mir Rafael ein Zeichen und warf einen der schweren Mäntel
herüber. Bevor wir aufbrachen, gingen wir in die Küche
und tranken jeder ein paar Gläser Branntwein.

Es war nach Mitternacht, als wir uns schließlich in der
klaren, kalten Finsternis auf den Weg machten. Rafael
murmelte Obszönitäten, die sich unverblümter und
persönlicher anhörten als die übliche Litanei rhetori-
scher spanischer Flüche. In Tarazona war nirgends
Licht zu sehen, aber die Sterne leuchteten hell und unerbittlich. Dies war kein gewöhnlicher Streifengang;
Rafael wußte genau, wohin er ging, und mit fröstelnder
Gewißheit wurde es auch mir immer klarer.

Bald hatten wir einen Durchgang erreicht, den ich
selbst im Sternenlicht noch an der eigenwilligen Mau-
erführung wiedererkannte. Ich kannte das verdunkelte
Haus, in das wir eintraten, und ebenso die knarrenden
Treppenstufen. Ich kannte auch die schiefe Tür, an der
wir zuletzt anklopften.

Eulalia war nicht überrascht, uns zu sehen. Sie hatte offenbar schon eine Weile gewartet. Sie hielt eine Kerze
hoch, um unsere Gesichter zu sehen, wandte sich um

und wies mit dem Kopf aufs Bett. Sie trug ihren schmucken, engen Kampfanzug und hatte ein Tuch um den Kopf gewickelt. »Venga, Rubio«, sagte sie zu mir.

Auf dem zerwühlten Bett lag zitternd vor Furcht oder Fieber der Junge, den wir nach der Photographie sofort erkannten, nur daß das ehemals glatte Gesicht des mönchischen Träumers inzwischen von gräßlichen Narben entstellt war. Als er Rafael und mich erblickte, wich er zurück und zog die Knie unters Kinn, um sich klein zu machen. Dann begann er laut zu husten, Eulalia versuchte, ihn zu beruhigen, und legte ihm eine alte Decke um die Schultern.

Wir setzten uns auf das Bett und warteten, bis der Hustenanfall vorüber war. Er keuchte wie ein junger Hund. Eulalia stand an der Tür, ihre schmalen Augen funkelten im Kerzenlicht, aber es waren nicht mehr die flüsternden Augen, die ich kannte.

»Franzose«, sagte sie und nickte ruckartig mit dem Kopf. Rafael fluchte und legte die Hand auf mein Knie. »Wir könnten ihn tragen«, schlug er vor. »Er ist ja noch ein Baby. Auf jeden Fall muß er mit.«

Forteza wurde allmählich ruhiger und setzte sich mühsam auf. Er fragte, ob wir Schnaps dabei hätten. Rafael reichte ihm seinen Flachmann, und er trank mit kleinen, nippenden Schlucken. Dann lächelte er und ließ sich von uns auf die Füße zerren. Rafael wurde herzlicher und legte den Arm um Fortezas Schultern. »Wir haben uns Sorgen um dich gemacht, Mann«, sagte er, indem er ihn zur Tür führte. »Bei Gott, warum bist du so ein Risiko eingegangen?«

Ich sah, wie die Angst langsam aus Fortezas Augen verschwand, während er das Gleichgewicht zu halten suchte. Eulalia streichelte kurz seinen Nacken, dann legte sie ihre kalte Hand an meine Wange. »Das könntest du sein, kleiner Bruder«, sagte sie. Wir halfen ihm die Treppe hinunter und stützten ihn beidseitig auf unserem Gang durch die Stadt. Das Knochengerippe zwischen uns war leicht wie ein Reisigbündel.

Als wir in unserem Haus eintrafen, saß Kassell mit einer Tasse Kaffee am Feuer. Jean und Pip unterbrachen ihre Partie, und der Holländer hörte auf zu schreiben, um Rafael und mich an der Tür in Empfang zu nehmen. Dann stand auch Kassell auf, trat in seinem knirschenden schwarzen Ledermantel auf uns zu und umarmte und küßte Forteza.

Forteza stand schweigend im Raum. Er hatte aufgehört zu zittern und zu husten. »Willkommen, Genosse«, sagte Kassell mit fadenscheinigem Lächeln. »Wir dachten schon, es sei dir etwas zugestoßen.« Er ließ geschwind seine Hände über den schmächtigen Körper des Jungen gleiten und führte ihn dann in das Hinterzimmer. Jean und Pip kehrten zu ihrem Schachspiel zurück, der Holländer zu seinen Notizen. Wenig später hörten wir einen Schuß.

WARTEN IN TARAZONA

Mittlerweile verbrachten wir die meisten Tage mit Beobachten und Warten; wir beobachteten uns wechselseitig und warteten darauf, daß der Krieg in Bewegung kam. Es war eine nervenaufreibende, von Zweifeln und Mißtrauen geplagte Zeit. Das Überleben der Republik stand in Gefahr, und keiner war bereit, im Umgang mit ihren Feinden auch nur das geringste Risiko einzugehen. Von den vielen schmutzigen, kleinen Intrigen, für die Kassell uns einspannte, schienen nur die wenigsten der Vernunft zu gehorchen, und die dahinterstehende Autorität blieb uns auf ewig ein Rätsel, so es denn überhaupt eine gab. Wir hofften und bezweifelten zugleich, daß unsere Unternehmungen einen tieferen Sinn hatten, doch wie in den meisten Kriegen handelte es sich größtenteils um stümperhafte und böswillige Scherze.

Einmal wurden Rafael und ich ausgeschickt, einen alten Bauern einzukassieren, der in der Einöde in Richtung Madrigueras lebte. Es war zu kleineren Sabotageakten gekommen – einige in die Luft gejagte Lastwagen und eine gesprengte Brücke –, für die man den Alten verantwortlich machte. Ein Nachbar hatte ihn dabei beobachtet, wie er lange Dynamitstangen in einer Kiste verstaute, und wir sollten den Kerl nun festnehmen.

Es war ein langer, kalter Marsch durch den Schnee, und ausnahmsweise hatte Rafael keinen Branntwein dabei. Statt dessen rauchte er kleine Kräuterbündel, die er in Reste trockenen Zeitungspapiers einwickelte. Rafael rauchte alles: alte Buchenblätter, getrocknetes Moos, Maisblätter, ja wenn man seiner Nase trauen durfte, sogar zerstoßene, mit Teer versetzte Pinienrinde. Als Zigarettenpapier bevorzugte er ausländische Zeitungen, den *Paris Soir* oder *L'Humanité*, sowie die dünnen Seiten ausgedienter Gebetbücher.

»Diese Amateurzündler sind die Schlimmsten«, meinte Rafael. »Und wo hat er das Zeug her? Vom Himmel ist es jedenfalls nicht gefallen. Wir werden es schon kriegen. Und ihn auch.«

Wir kamen am späten Nachmittag auf dem Bauernhof an. Das Gehöft war von einem Dickicht von Dornbüschen umgeben, davor, an einer Kette festgebunden, ein kläffender Hund. Auf den Dächern lagen Gras und Reisig, die mit Steinen beschwert worden waren, die Mauern sahen aus, als bestünden sie aus verbeultem Zinn. Wir sahen weder Pferde noch Maultiere noch Esel – vermutlich hatten wir das Viehzeug schon lange in Tarazona verspeist.

Wir wichen dem Köter aus und gingen geradewegs auf das Haus zu. Eine kleine, dünne Frau machte auf und sah unsere Gewehre. Sie unterdrückte den haßerfüllten Blick in ihren Augen und bat uns hinein. »Das Haus gehört euch. Außer mir ist da nur noch der Alte«, sagte

sie. Der heulende Wolfshund hatte die Kette bis zum Anschlag gespannt und sprang und fletschte uns kämpfe-
risch an, seine Zähne blitzten wie Eiszapfen.

Wir betraten einen kleinen, kahlen Raum, und dort
stand der Saboteur in seinen besten Kordanzug gekleidet, den schwarzen Ausgehhut in der Hand.

»Mario Nuñez, zu Diensten«, sagte er.

»Nichts als Lügen«, keifte die Frau, während sie im Zimmer auf und ab tobte, als holpere sie auf einem Minia-
turfahrrad durch den Raum.

Der Bauer stand mit gesenktem Kopf da und wartete
gottergeben.

»Es sind Lügen – nichts als Lügen!« schrie die Frau erneut.

Rafael schulterte sein Gewehr und sagte, es sei Zeit zu
gehen. Der Bauer hob die lange, braungebrannte Hand
und strich seiner Frau zum Abschied kurz über die
Stirn; für einen Augenblick standen sie wie zwei wettergegerbte Holzschnitte völlig regungslos in dem leeren,
lichtdurchfluteten Raum.

Draußen hörten wir einen Wagen hupen, und so führten wir den Mann hinaus. Emile und Jean waren eingetroffen, um ihn nach Albacete zu bringen. Man ging
davon aus, daß der Saboteur uns einiges zu erzählen
haben würde. Unterdessen sollten Rafael und ich das
Gehöft durchsuchen.

Als wir ins Haus zurückkehrten, heftete sich die Frau an
unsere Fersen.

»Was wollt ihr noch, ihr Mistkerle?« fragte sie.

»Das Dynamit, Oma«, erwiderte Rafael.

»Eher findet ihr hier die heilige Jungfrau als Dynamit«,
sagte die Frau.

»Das glaub ich aufs Wort«, entgegnete Rafael.

Wir durchsuchten das Haus, fanden aber nichts, das der
Rede wert gewesen wäre. An der Wand hingen ein Bild
der heiligen Theresa und des Premierministers Azaña
Largo Caballero, ein paar zusammengerollte Bastmat-
ten und eine Holzschüssel lagen auf dem Boden. Konnte
man sich diesen Mann als aktiven Saboteur vorstellen
oder auch nur als potentielle Gefahr? Aber schließlich
war er nun einmal dabei beobachtet worden, wie er
Dynamit in eine Kiste packte.

Wir gingen hinaus, um das Nebengebäude zu inspizie-
ren. Die Frau verfolgte uns wie ein balzender Falke. Die
Scheune war aus Lehmziegeln gebaut, die an allen
Ecken und Enden auseinanderbrachen, auch das Dach
war vom Wind zerzaust. Da und dort lagen Geschirr-
teile herum, die Überreste eines Karrens, Olivenkerne
rieselten aus einem zerborstenen Faß. Rafael begann,
auf dem Boden herumzustampfen, und wurde schließlich fündig – eine morsche Falltür mit Eisenring kam
zum Vorschein.

»Olala!« sagte Rafael und klappte die Tür auf. Wir stiegen auf der Leiter in einen kleinen dunklen Keller, zün-
deten ein Streichholz an und standen vor einer verschlossenen Truhe. Dann stieß der Falke zu. Die Alte
kam hinter uns die Leiter herabgeschossen und stürzte
sich mit ihren langen schwarzen Nägeln kratzend und
kreischend auf uns.

Während sie mit uns kämpfte, verfluchte sie uns und

unsere gesamten Familien. Dann drehte sie sich um und warf sich auf die Truhe. Ich sehe sie noch heute vor mir, ihr zerlumpter schwarzer Rock fächerte sich zwischen Armen und Beinen auf wie das Gefieder einer abgeschossenen Krähe, die man zur Abschreckung am Zaun aufhängt. Hier also lag der Schatz begraben. Rafael hob die erschöpfte Frau von der Truhe und setzte sie in der Ecke ab, wo sie kerzengerade sitzen blieb und weinte.

Wir entfernten mit Fußtritten das Vorhängeschloß und öffneten den Deckel der Truhe. In dem spärlichen Licht entdeckten wir lauter lange, weiße Stangen, fein säuberlich nebeneinander gestapelt. Rafael jauchzte. »Madonna! Dieser verschlagene alte Teufel. Das reicht, eine ganze Armee in die Luft zu jagen.« Mit schwerem Atem und größter Sorgfalt hob er eine Stange heraus. Sie zerfiel in zwei Teile, die am Ende mit einer Schnur verknüpft waren. Die Dynamitstangen entpuppten sich als Altarkerzen, die der greise Bauer zusammen mit einigen Priesterinsignien, die am Boden der Truhe versteckt lagen, treuhänderisch für die Kirche aufbewahrte. Doch sich den Pfaffen anzudienen, war damals in den Augen vieler um keinen Deut besser, als unsere Brücken in die Luft zu sprengen.

Kurze Zeit später wurde ich ohne weitere Erklärung aus Kassells kleiner Einheit abgezogen und einer anderen Kompanie zugeteilt. Ich wußte nicht, ob ich eine Prüfung bestanden hatte oder vielmehr degradiert worden war, jedenfalls hieß es für mich zurück in die Truppe.

Fort aus dem damenhaften Bürgerhäuschen mit seinen winzigen Balkonen, Schluß mit den nächtlichen Schattenspielen am Lagerfeuer, mit den vergleichsweise luxuriösen Abendessen, bei denen Kassell uns in seine makabren und undurchsichtigen Machenschaften einweihte.

Zum Abschied reichte er mir die Hand.

»Keiner von uns ist ein Spezialist«, sagte er vage. »In diesem Krieg können wiʀ uns Spezialisten nicht leisten. Wir müssen dem Kampf folgen, wohin er uns führt.«

Mein neuer Kompanieführer war polnisch-amerikanischer Herkunft und trug eine russische Mütze. Er hatte einen wunderbar geistesabwesenden Gesichtsausdruck und eine verschlafene Ausstrahlung, die erfolgreich seine Autorität untergruben; manchmal bekam man ihn stundenlang nicht zu sehen und entdeckte ihn schließlich bei der Nachhut, wo er für einen Kameraden die Ausrüstung trug. Genosse Caplin glaubte so inbrünstig an die Gleichheit aller, daß es bisweilen an Selbstzerstörung grenzte.

Ich war schon mehrere Tage bei der Kompanie und hatte die Nächte mit hundert anderen zusammengepfercht in einem Lagerhaus verbracht, als uns die Nachricht erreichte, man habe neue Unterkünfte für uns requiriert. Führerlos stellten wir uns auf dem Platz auf und trampelten mit den Füßen, während überall nach Caplin gesucht wurde. Man fand ihn im Lichtspielhaus – Gedichte schreibend. Er kam sofort und führte uns aus der Stadt hinaus.

Er brachte uns zu einer traurigen kleinen Kapelle am

Fuße eines Hügels, einem alten, wohlproportionierten,
aber verfallenen Gemäuer, das offenbar unser neues
Hauptquartier werden sollte. Die schwere Eingangstür
war aus den Angeln gerissen worden und lehnte halb
versengt an der Mauer.

Das Innere der Kapelle war zerstört und ausgebrannt.
Außer einigen leeren Nischen und dem kahlen, nackten
Altar war nichts erhalten geblieben. Mit tropfnassen
Kleidern und Ponchos stapften wir von der matschigen
Straße in die Kirche, und ein jeder beschlagnahmte sogleich sein privates Plätzchen, indem er seine Ausrüstung auf den Boden warf. Die Kapelle füllte sich in Win-
deseile, die Territorien wurden abgesteckt, doch ich
selbst zögerte, als stünde ich unter einem magischen
Zauber. Von dem Altar, der unter dem getönten Ostfen-
ster stand, war lediglich der stuckverzierte Steinsockel
übrig, dessen hellblaue Farbe bereits an vielen Stellen
abblätterte. Im Nu war ich hochgeklettert, hatte meinen
Tornister abgeworfen, mich darauf ausgestreckt und
mir eine Zigarette angezündet. Durch diese leichtfertige
Geste, dieses dummdreiste Draufgängertum, habe ich
für den Rest meines Lebens Schande auf mich geladen ...
Die Hälfte meiner neuen Kompanie bestand aus Spa-
niern, stämmigen, grinsenden, rundköpfigen Dorfbur-
schen aus der Gegend nördlich von Madrid. Obschon
noch sehr jung, waren sie bereits von den frostigen
Wintern und brütenden Sommern gezeichnet, und
ihre faltigen Gesichter erinnerten an verschrumpelte
rote Äpfel. Als sie sahen, daß ich den Altar zu meinem
Lager erklärte, blickten mich einige aus starren, leeren

Augen an, während andere mit breitem Grinsen deftige
Verballhornungen der katholischen Litanei skandierten.
Aber für die meisten, ja selbst für die Respektlosesten,
Lästerlichsten und Gottlosesten unter ihnen, schien ich
eine unsichtbare Grenze passiert zu haben, die man
ohne den Segen eines Priesters nicht überschreiten
durfte. Selbst in dieser ausgeplünderten und entweih-
ten Kapelle schien der Boden um den heiligen Stein unter einem göttlichen Bann zu stehen. Von Wand zu
Wand verlief eine unsichtbare Linie, die zu übertreten
niemandem in den Sinn gekommen wäre. Niemandem
außer einem billigen Kirchenschänder wie mir.

Die Kapelle dampfte bald vor Gemütlichkeit, und das
gespenstische Aroma des Weihrauchs, das die Mauern
in sich aufgesogen hatten, wurde schnell von dem Geruch von Männerschweiß verdrängt. Wir verstopften
Türen und zerbrochene Fenster, um uns vor der eisigen
Kälte zu schützen. Wir schwängerten die Luft mit
Rauch und Kaffeeduft, redeten, spielten Karten und
zankten herum. Es gab nichts zu tun. Ganz Tarazona
hatte sich zurückgelehnt, eine große Ruhe war einge-
kehrt. Im Schnee der Sierras hatte die Schlacht um Teruel begonnen, der letzte, verzweifelte Versuch, Francos
Vorstoß im Nordosten, der unser Territorium zu spalten
drohte, zurückzuschlagen. Aus politischen Gründen,
aber auch aus Stolz und um die Moral des Volkes zu heben, waren an diesem Angriff nur spanisch-republika-
nische Truppen beteiligt. Die Internationalen Brigaden
wurden vorerst geschont, ja man hoffte, sie überhaupt
nicht einsetzen zu müssen.

Und so kam es, daß wir, während die schneebedeckten
Gipfel in Flammen aufgingen und die lange, blutige
Belagerung Teruels begann, in unserer verräucherten
Kapelle herumlümmelten und auf Weihnachten war-
teten.

Wir hatten einen echten Veteranen bei uns, er war der
einzige mit Kampferfahrung, was er durch eine mürri-
sche Zurückgezogenheit und eine müde Gleichgültigkeit gegenüber jeder Form von Drill demonstrierte.
Arturo aus Bilbao war der Maschinengewehrschütze
der Kompanie und für einen Basken außergewöhnlich
groß und schmächtig. Jeden Morgen, wenn ich auf-
wachte, sah ich seine lange Gestalt neben den Altarstu-
fen ausgestreckt. Auch als der erste Kessel Kaffee her-
umgegangen war, blieb er noch stundenlang starr und
unbeweglich wie eine mittelalterliche Steinstatue auf
dem Boden liegen, während sein ausgemergeltes Gesicht fiebrig zuckte. Irgend jemand hatte in der Krypta
einen Priesterornat gefunden, den Arturo nun als
Decke verwendete. Steif lag er in seinen purpurnen und
schwarzen Kokon eingehüllt und fluchte und bibberte
vor sich hin.
Unser Kompanieführer war inzwischen endgültig verschollen. An Drill und Exerzieren war nicht zu denken,
wir waren unser eigener Herr. Manchmal stand Arturo
auf, warf seine Robe ab, setzte sein Maschinengewehr
zusammen und schoß große Löcher in die Wand. Das
hob deutlich unsere Stimmung, und unter Arturos An-
weisung versuchten wir, es ihm in kleinen Grüppchen

nachzutun. Das Getöse in der langen, schmalen Kapelle war ohrenbetäubend, aber die Ausbildung machte Spaß; es war die einzige Vorbereitung, die wir bekommen konnten.

Besonders nachts, wenn wir unter der Kette von Glühbirnen hockten, stellte sich ein Gefühl schlichter Gemeinsamkeit ein. Einige amerikanische und britische Neuankömmlinge waren zu uns gestoßen. Es wurde Wein herbeigeschafft, und wir begannen, den Altar als eine Art Bar zu benutzen. Wir waren jung und, wie ich mich zu erinnern meine, selbst in unseren Raufereien und Exzessen von einer kindlichen Offenherzigkeit und Arglosigkeit. Der junge spanische Bauer, der amerikanische Student, der walisische Kumpel, der Liverpooler Hafenarbeiter – sie alle hatten hier eine Art gemeinsame Heimat gefunden.

Aber wir sprachen selten darüber während jener Zeit des Wartens. Ich spielte Schach mit einem Mann namens Paul, einem gelernten Mechaniker aus Ohio, hinter dessen finsterer, bebender Ernsthaftigkeit sich ein beißender jüdischer Humor verbarg. Wir waren rastlos, launisch und voller Tatendrang. Manchmal kamen Mädchen vorbei und tuschelten in der Tür oder durch ein Kirchenfenster. Stämmige, kleine Jungfrauen mit großen, freiheitsdürstenden Augen. Feierlich warteten sie in Zweiergrüppchen vor der Tür. Sie gingen überall mit uns hin, in verlassene Bauernhütten und Katen, aber keine von ihnen wagte sich je über die Schwelle unseres Gotteshauses.

Ein nahezu wölfischer Hunger gehörte mittlerweile
fest zu unserem Leben und wurde durch die winterli-
che Kälte und unsere Tatenlosigkeit noch verschärft.
Schließlich konnten wir den Eichelkaffee und die wäß-
rige Eselssuppe nicht mehr ertragen, und so legten ein
halbes Dutzend von uns ihren Sold zusammen – es waren über eintausend Peseten in druckfrischen Noten –
und überredeten einen alten Bauern, sich von drei Hühnern zu trennen, die nicht weniger hungrig aussahen
als wir. Dieses ausgemergelte Federvieh trugen wir zu
zwei verwitweten Schwestern, die mit ihrem greisen Vater auf der anderen Seite der Stadt lebten. Sie bewohnten eine jener fast mittelalterlichen kahlen Küchen mit
Steinfußboden, hoher Decke und gekacheltem Herd in
der Wand; Tisch und Stühle standen im Raum, in der
Ecke lehnte ein knorriger Olivenstrunk, und vom Dach-
sparren baumelten ein alter Schinkenknochen und
Zuggeschirr.

Die Schwestern hatten aufgeweckte, wachsame Augen
und eingefallene Wangen, ihre Leiber steckten wie Mu-
mien in schwarzen Trauerkleidern. Der Vater saß in
einem Lehnstuhl neben dem Ofen, seine dünnen Wind-
hundbeine berührten kaum den Boden. Als wir herein-
stürmten, ließ er sich auf seine winzigen Füße gleiten
und erhob zum Gruß seine faltige Faust.

»Das Haus gehört euch«, sagte er. »José, zu euren Diensten. Und meine Töchter, Doña Anselm, Doña Luisa ...«
Die Schwestern, die über dieses Willkommen erbost
schienen, verdoppelten ihre Wachsamkeit. Mit leisem
Zungenschnalzen nahmen sie das mitgebrachte Ge-

flügel entgegen. »Kommt in zwei Stunden wieder«,
sagten sie.

Also stapften wir eine Weile durch den Schnee, und als
wir zurückkehrten, fegte Doña Anselm mit einem Be-
sen unsere Stiefel ab. Ein Gemisch aus Holz und Abfäl-
len hatte den Herd zum Glühen gebracht, und in einem
großen gußeisernen Topf köchelte unser Essen. Die
ganze Küche waberte und dampfte, in der Luft lag der
üppige Duft längst vergessener hausfraulicher Koch-
künste, das saftige Aroma von gedünsteten Tomaten, getrockneten Bohnen, Knoblauchwürsten und Suppen-
hühnern, deren Fleisch bereits vom Knochen fiel. Wie
die beiden Witwen dieses Wunder bewerkstelligt hatten, war uns ein Rätsel. Ohnmächtig vor Hunger standen wir daneben, doch zum Glück sollte dieser Hunger
bald gestillt werden. Die Witwen hätten uns ohne weiteres noch einmal tausend Peseten abverlangen können.

Es war nicht das erste Mal, daß ich Hunger litt, und ich
entsinne mich auch der schlichten Eßlust meiner
frühen Kindheit, als der Gaumen noch jung und unver-
braucht war. Ich war damals so in den Geschmack von
Brot und Butter und in das wolkige Aroma frischge-
kochter Eier vernarrt, daß ich abends kaum erwarten
konnte, ins Bett zu gehen, so sehr sehnte ich mich nach
dem Frühstück. Ganz ähnlich fühlte ich mich jetzt,
während die Gaumenfreude auf sich warten ließ und
die Schwestern am Herd werkten und stritten, bis sie
endlich die Suppe in einer großen irdenen Schüssel zu
uns herübertrugen. Wir hatten jeder einen Kanten Brot
und blecherne Messer und Löffel mitgebracht, die Tel-

ler vor uns waren aus lackiertem Holz. Die drei Hühner, die bei dem Bauern mindestens schon zwei harte Winter durchgemacht hatten, schwammen jetzt in einer kräftigen Bohnensuppe, die mit Wurststücken verfeinert worden war. Doña Anselm bewachte die Terrine, während ihre Schwester unsere Teller vollschöpfte, ein jeder erhielt einen weichgesottenen, dampfenden Schlegel.

Ein Krug mit dünnem, fadem Wein machte die Runde, ein sonderbar nach Salbei und Zimt schmeckendes Gebräu, das an die heimliche und verstohlene Schwelgerei betulicher Damenkränzchen erinnerte.

»Eßt«, zischte Doña Anselm, und unter ihren drohenden Blicken brachen wir mit feierlichen Gesten unser Brot. Sechs junge Fremdlinge an ihrem Küchentisch, für die sie drei alte und unersetzliche Legehennen gekocht hatten; wir waren Gäste, Besucher, aber auch feindliche Besatzungsmacht. In diesem Krieg, der ihr Land gefangenhielt und dessen Übel stoisch erduldet werden mußten, vermieden die Schwestern ganz offensichtlich jede Parteinahme. Sie bedienten uns, setzten sich aber nicht zu uns an den Tisch, als wir uns über die Mahlzeit hermachten. Der Alte am Ofen sah beharrlich wartend zu Boden.

Lopez, der später eingetroffen, und unter uns der einzige Spanier war, setzte sich ersatzweise als Gastgeber in Szene.

»Drei in einem Topf«, verkündete er und strahlte in die Runde. »Nur die wenigsten können je besser gegessen haben.«

Die Erhabenheit des Augenblicks war ihm zu Kopf gestiegen, und er suchte mit seinen kleinen Wurstfingern in der Schüssel nach Stücken, die er uns mit einer Verbeugung überreichte. Doña Anselm zog ihm mit dem Löffel eins über.

»Was tust du da?« schrie sie. »Benimm dich gefälligst, Mann.«

»Auf der Hochzeit meines Bruders«, sagte Lopez, »gab's zwei Hühner und ein Karnickel – in Wein gekocht. Das habe ich nie vergessen.«

»Ja, die Braut, die Brautmutter und den Bräutigam«, kicherte Doña Luisa.

Lopez beugte sich nun ebenfalls über seinen Teller. Wir anderen waren bereits andächtig ins Essen vertieft und schaufelten und schöpften, vom Geschmack und von der Gier getrieben, mit Löffeln und Händen die Köstlichkeiten in uns hinein. Nur die wenigsten von uns dürften lange von zu Hause fort gewesen sein; nur einer, Lopez, war verheiratet. Anstelle des üblichen Eintopfs aus Steckrüben und Eselsfleisch, der von irgendeinem Simpel in großen rostigen Zubern im Waschhaus der Kaserne zusammengebraut wurde, aßen wir nun eine richtige Mahlzeit, die von kundigen Frauenhänden eigens und ausschließlich für uns zubereitet worden war.

Was in Wirklichkeit ein karges und dürftig zusammengekratztes Mahl war, nahm sich in jenem Kriegswinter wie ein unvergeßliches Bankett aus. Es hatte jeden von uns den Sold mehrerer Wochen gekostet. Wir wurden von den Schwestern schikaniert und beschimpft, vielleicht sogar verachtet, doch betrogen wurden wir nicht.

Der Topf auf dem Herd enthielt genug für uns alle. Am Ende flegelten wir satt am Tisch, legten die Füße hoch, stocherten in der dünner werdenden Brühe nach den Hühnerhautresten, fischten mit unserem Brot die letzten Wurststückchen heraus, erschmeichelten uns noch mehr Wein, an dem wir genüßlich nippten, und wurden zusehends sentimentaler. Mit fortschreitendem Nachmittag tauten sogar die Schwestern ein wenig auf und spendierten uns Bucheckern und Rosinen.

Wir gaben ihnen unser restliches Geld, und der alte Mann in der Ecke bemerkte: »Jetzt könnt ihr euch die Uhr kaufen.«

Als wir alles weggeputzt hatten, begannen wir mit müden Augen zu singen. Die Schwestern räumten den Tisch ab, sammelten die Hühnerknochen auf einem Teller und stellten ihn dem Greis auf den Schoß. Der Alte steckte umständlich einen nach dem anderen in den zahnlosen Schlund und saugte mit leisem Entzücken an jedem einzelnen Knochen, als halte er einen Spargel in der Hand. Fünf Stunden hatte er auf diesen Augenblick gewartet, nun war es endlich soweit. Mit der hingebungsvollen Anmut eines Fürsten lutschte er seine Portion Knochen aus.

Weihnachten stand vor der Tür, und aus dem Norden blies ein messerscharfer Wind. Die Schneegraupel waren hübsch, aber erbarmungslos. Aus der Umgebung holten wir karrenweise Feuerholz herbei, und wir fällten jahrhundertealte Olivenbäume, um sie zu verheizen. Ich bezweifle, ob in unserer damaligen Gemütsver-

fassung auch nur ein einziger davor zurückgeschreckt
wäre, eine seltene alte Kirchenschnitzerei, das greifbare
Überbleibsel von tausend Jahren Frömmigkeit, zu verfeuern, um sich ein paar Minuten daran zu wärmen.

Allmählich sickerten Nachrichten über die Front von
den Bergen zu uns herab, und wir konnten die Neuigkeiten kaum fassen. Unsere Armee hatte während eines
der schlimmsten spanischen Winter seit Menschengedenken in einer der kältesten und unwirtlichsten Ge-
birgsgegenden des Landes, inmitten eines Schneesturms
und ohne Artillerieunterstützung ihren Angriff gewagt
und die Stadt Teruel inzwischen eingekreist, ja es hieß,
daß bereits in den Straßen gekämpft werde. Nach dem
unerbittlichen Niedergang und den grausamen Rück-
schlägen des Sommers schöpften wir endlich wieder
Hoffnung. Nach und nach, Monat für Monat hatten
Francos blutrünstige Truppen neue Landstriche Spaniens geschluckt und unsere Verteidigungslinien in
Richtung Ostküste gedrängt. Jetzt, am gefährdetsten
und gefährlichsten Punkt, waren wir in die Offensive
gegangen und standen kurz davor, eine Stadt zurückzu-
erobern. Das Blatt, so frohlockte man, habe sich endlich
gewendet, und der Weg zum Sieg schien wieder frei.

Doch in Tarazona herrschte Ruhe, fröstelnd frönten wir
dem Müßiggang, vergruben uns unter unseren Ponchos oder reinigten zum x-tenmal unsere Gewehre, ge-
dachten der Hunderttausend, die in den Bergen unsere
Schlachten schlugen, und fragten uns nach dem Sinn
dieses Ausbildungslagers.

In diese Ruhe hinein brach stumm und glanzlos das

Weihnachtsfest in Form von Rotkreuzpaketen, die, teils
aus Frankreich, teils aus England kommend, unter allen verteilt wurden. Am Weihnachtstag kostete ich mit
beinahe erotischer Erregung einen Riegel Cadbury's
Milchschokolade und rauchte ein halbes Päckchen Play-
ers. Die tiefe Vertrautheit des Geschmacks berührte
mich nicht weniger als die beseligende Heimeligkeit
der Verpackung.

Als nächstes erinnere ich mich an das beständige Hin
und Her von Neuigkeiten, Berichten und Gerüchten.
Ein Lastwagenfahrer traf bei uns ein, um Nachschub an
Decken zu besorgen. Er hatte für die hundertfünfzig
Kilometer von der Front zu uns volle drei Tage benötigt.
Vor uns stand kein Held oder siegreicher Adler, sondern
ein schlotternder und zerlumpter Mann. Während seine Augen wie Flöhe im Gesicht umhersprangen, berichtete er von Qualen und Schneeblindheit, von Panik und
den Weggefahren. O ja, natürlich stünden wir in Teruel
vor dem Sieg. Er habe die Toten wie Reisigbündel vor
den Mauern aufgestapelt gesehen. Barrikaden aus ge-
frorenem Fleisch, hinter denen man Schutz vor dem
Wind und den Kugeln suchen konnte. Er habe Maultiere vor Kälte tot umfallen und auf der Straße steif
werden sehen, so daß sie den Verkehr blockierten und
in Stücke zersägt und weggetragen werden mußten.
Seine Berichte beschrieben eine verdrehte Hölle, und er
schien selbst nicht weniger darüber erstaunt als seine
versammelten Zuhörer; daß er als Spanier in seinem
eigenen Land ein solches Wetter erleben mußte, ein
solches Abschlachten inmitten des ohnehin tödlichen

Klimas und die jungen Soldaten bei lebendigem Leibe
in weißes Leichentuch gehüllt.

Während wir den irren Schilderungen des glotzäugi-
gen Mannes lauschten, erstarb die Weihnachtsstim-
mung in unserem wohlbehüteten Lager. Es war, als hätte er eine Tür aufgerissen, durch die nun ein arktischer
Windstoß den Gestank verrottender Leichen blies, als
hätte er den Reif vom Fenster unseres Häuschens ge-
kratzt und uns die wartenden Wölfe gezeigt.

Wenige Tage später traf ein ganz andersgearteter Bote
ein: Bill Rust, der Herausgeber des *Daily Worker*, ein ge-
pflegter, leise sprechender, geradezu liebenswürdiger
Mann in einem dunklen englischen Wintermantel und
warmen Filzhut. Ich hatte ihn wenige Wochen zuvor
auf der Durchreise durch Albacete gesehen, in seinem
Gesicht standen Sorge und Erschöpfung. Jetzt zeigte
seine rosafarbene, strahlende Miene den Ausdruck halb
unterdrückten Triumphs, wie bei einem Fußballma-
nager, dessen Elf gerade den Pokal gewonnen hat.

Teruel sei gefallen, berichtete er uns; die Bergfestung
gehöre uns, er sei selbst durch die Straßen der befreiten
Stadt gelaufen. Zum Beweis zeigte er uns das Innere seines Hutes. Auf dem Schweißband stand: Sombreros de
Teruel.

Der Hut war offenbar seine einzige Beute. Bescheiden,
wie er war, hatte Rust ihn aus einem zerbrochenen
Schaufenster entwendet. Der Jubel in jener Nacht war
groß. Rusts Bericht über diesen Sieg dürfte der hoff-
nungsvollste Moment jenes Winters – ja für die meisten
von uns des ganzen Krieges gewesen sein.

Als dann das neue Jahr begann, blieben die Sieges-
meldungen mit einemmal aus. Ja, es kamen überhaupt
keine Meldungen mehr an. Unsere Soldaten begannen
klammheimlich, erst vereinzelt und dann kompanie-
weise, aus der Stadt zu verschwinden. Eines Morgens
wachte ich auf und mußte feststellen, daß über die Hälfte meiner Freunde fort war. Ich habe sie nie wiederge-
sehen.

RADIO MADRID

Anfang Januar erhielt ich Order, nach Madrid zu fahren, was mich ziemlich überraschte, da ich einen anderen Bestimmungsort erwartet hatte. Der Befehl wurde mir vom politischen Kommissar überbracht und stammte von Hauptmann Sam aus Albacete, der mich offenbar nicht vergessen hatte.

Ich sollte mit ihm und einigen anderen bei Radio Madrid ein paar Sendungen zur Ausstrahlung nach Amerika machen. Es war der zweite Frontwinter, den die belagerte, halb besetzte Hauptstadt erlebte. Wie eine geballte Faust steckte sie in Francos Rachen und stopfte ihm das Maul.

Vielleicht ein Dutzend Männer, brachen wir kurz nach dem Morgengrauen auf einem offenen kleinen Lieferwagen gezwängt aus Tarazona auf. Wir waren ein gemischter Haufen, und es schien unwahrscheinlich, daß alle beim Kurzwellensender eingesetzt werden sollten; dem äußeren Anschein nach waren manche mit ernsteren Aufgaben betraut. Wir hockten auf der Ladefläche auf Holzkisten und warteten darauf, daß sich die dämmergraue Landschaft aufhellte. Flach und frostig breitete sie sich vor uns aus, am Horizont ragten Pinien wie

Reißzwecken aus einem schmutzigen Bogen Löschpapier.

Unser Weg führte gut zweihundert Kilometer durch die
Einöde, die trostlose Landstraße schien mit dem Lineal
in die unfruchtbare Mancha geritzt, und bis auf wenige
zerstörte Windmühlen war nirgends eine Spur menschlichen Lebens zu sehen. Während wir gemächlich da-
hinholperten, sinnierte ich einmal mehr über die unermeßliche Leere dieses Landes, das, abgesehen von den
überfüllten Elendsvierteln seiner auf den Ruinen im-
perialen und religiösen Glanzes erbauten mittelalterlichen Städte, nur aus unwirtlichen Ebenen und den
Steinwüsten der Sierras bestand, die weder einzuneh-
men noch urbar zu machen waren.

Mit Ausnahme einiger verschlafener Straßenposten war
die Straße nach Madrid verlassen und leer; nur einer der
Kontrollpunkte wurde von einem aufgeweckten, schwer
bewaffneten Anarchisten bewacht, der unseren Lastwagen anhielt und an Hauptmann Sams Mütze monierte,
daß sie nicht demokratisch genug sei. Aber Sam wußte
den Milizionär mit einigen Parolen und seinem kalten,
entwaffnenden Lächeln so einzuschüchtern, daß dieser
unter Entschuldigungen von dannen stapfte.

Als wir durch Mola de Cuervo fuhren, platzte ein Reifen,
aber auch dieses Problem war schnell beseitigt. Unser
Fahrer ging zu einem anderen Laster, der unbewacht
neben der Kirche stand, umrundete ihn aufmerksam,
entfernte das Rad, das er sich ausgesucht hatte, und
klemmte eine von Sam unterzeichnete Empfangsbe-
stätigung an die Windschutzscheibe.

Während der restlichen Fahrt spielten Harry und Bill, zwei schottische Veteranen von der Aragon-Front, auf einem Brett Karten und stritten sich theatralisch in ihrem unverständlichen Glasgower Dialekt. Einige Spanier mit langen, schmalen Gesichtern dösten aufrecht sitzend wie Götterstatuen von der Osterinsel. Ein anderer, wie ich glaube holländischer Soldat, spielte auf der Mundharmonika stundenlang dieselben monotonen Melodien – jene unvermeidlichen Blechseufzer über die Langeweile des Krieges.

Hauptmann Sam kritzelte auf den Knien eifrig an seinen Notizen. Mißtrauisch, ja fast übervorsichtig sprachen wir sie gemeinsam durch. Ich fügte einige Verbesserungen ein, die Sam lächelnd wieder herausstrich. Es war das Manuskript für unsere Rundfunksendung am Abend.

Bei Einbruch der Dunkelheit erreichten wir die Vororte der Stadt, wo wir uns an Feindeslinien vorbeischlängeln mußten. Es war wenig zu sehen: moderne Sandsäcke, zerstörte Straßen, Barrikaden aus Backsteinen und Bettgestellen, zertrümmerte Fenster, verrammelte Geschäfte und Bars.

Im Sommer vor dem Krieg war ich kurz in Madrid gewesen, und damals herrschte in der Stadt bei aller Ärmlichkeit und Bescheidenheit eine unbeschwerte, festliche Atmosphäre. Jetzt hing der Himmel durch Winter und Belagerung drückend auf der Stadt, und während wir uns Straßensperre um Straßensperre dem Zentrum näherten, war außer vermummten Wachposten und einigen in Decken gehüllten Gestalten, die geduckt

nach Hause hasteten, auf den Straßen keine Menschen-
seele zu sehen.

Es gelang uns jedoch, einen vergleichsweise gemütli-
chen Schlafplatz aufzutreiben. In einem kleinen Zigeu-
nerhotel in einer Nebenstraße der Calle Echegarry,
unweit der Puerta del Sol, bezogen wir unser Nacht-
quartier. Ramon, unser asturischer Fahrer, übernachte-
te draußen auf dem Kopfsteinpflaster direkt unter dem
Wagen – damit er in der Familie blieb, wie er sich aus-
drückte. Das Hotel wurde von einem Komitee geführt,
das uns von einem Tisch in der Eingangshalle aus mit
erhobenen Fäusten begrüßte und uns Essensmarken
aushändigte. Wir setzten uns in den Speisesaal und warteten schüchtern und sittsam wie Waisenknaben auf
unser Anstaltssüppchen. Doch das Mahl, obschon karg
und spärlich, wurde zusehends lasziver, da es von aus-
gelassenen Milizsoldatinnen serviert wurde. Sie besaßen jene dunkle, körperliche Anziehungskraft, deren
sich spanische Mädchen schon in jungen Jahren bewußt sind – kleine, animalische Körper, olivenförmige
Augen und Stimmen wie Laserstrahlen. Sie trugen
blaue ausgebeulte Overalls, die jedoch am Hals so tief
eingerissen und um die Hüften so eng gegürtet waren,
daß es aussah, als wären sie soeben halbnackt aus dem
Bett gefallen.

Nur Hauptmann Sam schien von der erotischen Spannung während des Abendessens nicht das Geringste zu
merken, er war über den Tisch gebeugt, hielt einen
krummen Stumpen im Mund und produzierte in einem fort Manifeste. Neben ihm saßen steif und schwei-

gend einige greise Schwarzkittel mit straff über die
Wangenknochen gespannter Haut, wahrscheinlich De-
legierte einer abgelegenen Dorfkommune, und stützten sich mit ihren groben Händen auf die Knie.

Ansonsten erinnere ich mich vor allem an den Lärm
und das wilde Getobe, die an jenem Winterabend in
dem unterirdischen Speisesaal im Herzen des belagerten Madrid herrschten; an die Kriegsplakate an den
Wänden mit ihren flachen, holzschnittartigen Helden
und ihren aufrüttelnden, verächtlichen und hoff-
nungsvollen Parolen; die Teller voller dampfender, oft
frostgeschwärzter Kartoffeln; die vorwitzigen Milizio-
närinnen, die leichtfüßig zwischen den grapschenden
Soldaten hindurchwischten; und an die Soldaten selbst
mit ihren unflätigen Sprüchen und den nach Mädchen
und Mahlzeiten greifenden Händen, auf ihren Gesichtern das Grinsen banaler Befriedigungen.

Hier hockten junge Veteranen und dürftig ausgebildete
Dilettanten beisammen, erfahrene Kämpfer, die noch
nicht mal eine Busfahrt von der Front entfernt weilten,
Männer, die dem Tod um Haaresbreite entronnen und
zurückgekehrt waren, und solche, die schon bald würden sterben müssen; ein paar Offiziere, Agenten, Spio-
ne, Schnüffler und Journalisten – sie alle fanden in diesem Keller inmitten der riesigen dunklen Stadt einen
überraschenden Augenblick lang Trost und Entspan-
nung.

Nach dem Abendessen bestellte mich Hauptmann Sam
auf sein Zimmer, wo sich zwei grotesk ungleiche Perso-

nen über den Tisch beugten und in gebrochenem Englisch ein Lied sangen. Der eine war kahlköpfig und rund
wie ein Michelinmännchen, der andere hager und
hübsch wie ein Schulmädchen. Vor ihnen auf dem
Tisch lagen zwei halbverzehrte Tomaten, ein Stück brö-
seliger Trockenfisch und eine englische Übersetzung eines Gedichts von Machado, an deren Vertonung sie sich
versuchten.

Sam stellte uns vor: der Dicke hieß Esterhazy und war
ein österreichischer Schriftsteller; der hübsche Junge
hieß Ignacio und hatte an der Universität Salamanca
Anglistik und Arabistik studiert.

»Du mußt uns mit der Aussprache helfen!« rief Esterhazy und winkte mich herbei. »Nur zu, Genosse, instruiere
uns bitte!«

Sam gab zu bedenken, mein Akzent sei so grauenhaft,
daß selbst er mich nicht verstünde. Dennoch probten
wir gemeinsam das Gedicht, das sie nachts teils im Chor
und teils mit verteilten Strophen vortragen wollten.

Ignacio hatte eine hinreißende, fast feminine Stimme,
er sprach aus der Tiefe des Bauches und doch mit einem
zarten, sinnlich-warmen und anrührenden Klang, indes seine Augen bei jeder Zeile den Ausdruck wechselten. Der aufgeplusterte Esterhazy dagegen spielte die
schmetternde Militärkapelle, die den Knabensopran
mit Pauken und Trompeten unterlegte.

Am Ende hatten sie sich soweit aufeinander abge-
stimmt, daß sie ein ausgezeichnetes Duett abgaben,
und während sich die beiden im Takt am Tisch hin und
her wiegten, bereiteten Sam und ich das restliche Pro-

gramm vor, das aus seichten Interviews, Propaganda und »Kultur« bestehen sollte.

Unser erster Kurzwelleneinsatz war für Mitternacht geplant und theoretisch für die amerikanische Ostküste bestimmt. Es sollte ein unter Belagerung mit dem Rücken zur Wand stehender, trotzig verächtlicher Hilferuf werden; und wie sich die Dinge entwickelten, hätte man ihn echter nicht inszenieren können.

Eine Gruppe bewaffneter Milizsoldaten holte uns gegen elf Uhr ab, um uns durch die Stadt zum Radiosender zu begleiten. Wir hatten zu diesem Zeitpunkt schon mehrere Flaschen Wein geleert und fühlten uns hervorragend auf die anstehende Aufgabe vorbereitet, als wir durch die schummrige Hotelhalle nach draußen stolzierten. Die Straßen waren fast ausgestorben – kein Verkehr, ein Schrei in der Ferne, hie und da späte, nächtliche Schritte, der Wind aus den Sierras, der leise an den Läden rüttelte.

Sam schärfte uns ein, stets in der Nähe der Miliz zu bleiben und, falls wir angerufen würden, stocksteif stehenzubleiben. Wir bewegten uns in dem schwachen Licht von Öllampen, das unter den Türvorhängen hindurchschimmerte, und folgten dem spärlichen Leuchten der Sterne über den Giebeln. Die Luft war so kalt, wie sie im hochgelegenen Madrid nur sein konnte. Sam zitterte und fluchte. Esterhazy blies, sei es zur Beruhigung oder wegen der Kälte, in regelmäßigen Abständen die Backen auf. Die Milizsoldaten husteten und spuckten. Aus einer nahen Gasse waren ein Schrei und schnelle

Schritte zu hören. Der junge Ignacio umkrallte meinen
Arm.

Ich erinnere mich noch heute an seine Worte. »Ich bin
Dichter«, sagte er, »ich wünschte, ich wäre nicht hier.
Ich bin ein Mann der Muse, nicht des Krieges.«

Wir verließen das Stadtzentrum und tappten durch Nebenstraßen, als einer der Milizsoldaten stolperte und
fluchte. Ein schattenhaftes Bündel lag auf dem Pflaster
und gab einen erstickten, greisenhaften Schrei von
sich. Der Soldat zündete ein Streichholz an. »Hier
kannst du nicht schlafen, Großmutter. Wenn du hier
einschläfst, erfrierst du.«

Wir klopften an die nächstliegende Tür und schreckten
ein schlotterndes Paar aus dem Bett. Sie steckten eine
Kerze an, während wir die Alte ins Haus schafften.

Die Frau stieß einen Schrei aus, als sie die Ärmste erkannte. Sie habe den Kiosk an der Ecke des nahegelege-
nen Platzes geführt, der ihr auch als Wohnung diente
und erst kürzlich von einer Granate zerstört worden sei.
»Sie kommen zu allen Tageszeiten. Am Tag und in der
Nacht. Bei Gott, keiner ist vor ihnen sicher.« Jammernd
und heulend faßte sie sich an den Hals und warf ihrem
Mann einen hilfesuchenden Blick zu.

»Tot vor unserer Tür. Was für eine Schande! Was werden
die Leute sagen?«

Der Mann sagte, sie solle sich nicht so anstellen, er werde am nächsten Morgen einen Handwagen holen und
die Alte ins Krankenhaus bringen. Er sah nervös zu uns
herüber und hob seine Hand. »Gott sei mit euch«, sagte
er. »Und lang lebe die Republik!«

Es war spät geworden und wir hasteten vorwärts bis zur
nächsten Straßensperre, die unter einer Eisenbahn-
brücke lag. Der Kontrollpunkt war schwer bewaffnet,
aber keiner von uns – noch nicht einmal unsere Führer
oder Sam – kannte das Paßwort. Wir blickten auf blit-
zende Zähne und Bajonette und hörten das muntere
Knacken gespannter Gewehre. Da rief plötzlich einer
der Wachposten: »Bist du nicht Rocio?«, und einer unserer Soldaten antwortete mit »Ja«. Die beiden waren Fi-
scher aus demselben Dorf und zusammen aufgewach-
sen, aber nach dem Tonfall ihres Gesprächs zu urteilen,
mochten sie einander nicht leiden. Dennoch ließ man
uns passieren, und unter der Begleitmusik freundschaftlich vertraulicher Beschimpfungen stolperten
wir über Steine und Blechdosen weiter voran.

Das Rundfunkstudio befand sich in dem klammen,
dunklen Kellergeschoß eines Hauses im viktorianischen Stil. Während wir über Schuttberge die Treppe
hinunterkletterten, dröhnte das Haus von schnarchen-
den Schläfern jeden Alters, denn die meisten Zimmer
waren für Soldatenfamilien reserviert.

Sam führte uns in einen engen, kleinen Raum voller
elektrischer Spulen und Röhren, in dem ein junger
blonder Sprecher verschwitzt und hemdsärmelig in
teutonischem Englisch ein Kriegskommuniqué verlas.
Als wir eintraten, zwinkerte er Sam zu und wies mit
dem Kopf auf einen Tisch, um den herum wir uns nie-
derließen. Aus dieser winzigen, weinseligen und rauch-
geschwängerten Zelle in Madrid gingen wir schließlich
auf Sendung – fünftausend Kilometer über den winter-

lichen Ozean hinweg. Wer mochte uns dort zuhören,
fragte ich mich – Lastwagenfahrer in ihren Führerkabi-
nen, junge Funkamateure, die den Äther abgrasten, ge-
langweilte Barkeeper und Ehegatten, die im Radio nach
den Sportnachrichten suchten, Witwen, die in ihren
Villen auf Long Island auf ihre Liebhaber warteten?
Ich bezweifle, daß sie uns hören wollten oder auch nur
konnten. Sam nahm das Mikro und verlas das Manifest,
das wir gemeinsam zusammengeschustert hatten und
das mit einer Aufzählung von Heldennamen aus der
Lincoln Brigade endete. Als Höhepunkt wollten wir ein
paar Takte der »Internationale« einblenden, doch wir
verwechselten die Platten und legten statt dessen »Die
Schlittschuhläufer« auf. Aber mein Gefühl sagte mir,
daß man uns ohnehin nicht hören konnte, daß die Mi-
krophone mit nichts verbunden waren, daß unsere ganze Pantomime lediglich der Beschwichtigung der Göt-
ter diente.
Doch wir ließen uns nicht beirren. Esterhazy und Ignacio waren als nächste an der Reihe und dröhnten und
flöteten den einstudierten Machado. Es ist schwer zu be-
urteilen, welche Wirkung ein obskures spanisches Gedicht, das von einem polternden Österreicher und einem nervösen jungen Madrileño gemeinschaftlich
mehr recht als schlecht in englischer Übersetzung vor-
getragen wurde, auf die mutmaßlichen Zuhörer jen-
seits des Atlantik ausgeübt haben mag, aber man darf
füglich bezweifeln, daß es ihre Aufmerksamkeit dauer-
haft fesselte oder ihre Gefühle in größere Wallungen
versetzte.

Nicht daß Sams und mein Beitrag viel aufrüttelnder gewesen wäre. Wir hatten ein Interview vorbereitet, in dem Sam mich über die Marschrouten der Freiwilligen durch die Pyrenäen ausfragte. Bei der Probe am Abend schien das Gespräch über ein so sachliches Thema das reinste Kinderspiel, doch als wir nun in diesen freieren Rollen ans Mikrophon zurückkehrten, versagte Sam völlig – da war nichts mehr zu spüren von dem weltgewandten Propagandisten, dem professoralen Disputanten, dem erbarmungslosen Inquisitor, dem eiskalten politischen Killer; vor mir saß plötzlich ein öliger und salbungsvoller Leisetreter, und die Erfahrung dieses kriecherischen Sam hat mich zutiefst erschüttert.

Das Gefühl der Unwirklichkeit verschwand, als gegen drei Uhr früh das Granatfeuer einsetzte. Es begann mit einem fernen metallischen Bellen, das durch die eisige Kälte glatt und schneidend klang, gefolgt von einer seltsam verhaltenen Stille, dann hörten wir ein rasch näher kommendes Heulen und schließlich das kurze Bersten explodierenden Mauerwerks. Merkwürdigerweise fielen diese Geräusche unmittelbar danach wieder in sich zusammen und wichen einer Stille, die schließlich in Wellen von Rufen, laufenden Schritten und entfernten Schreien verebbte.

Als die erste Granate fiel, zerbarsten einige Fenster, die Studiowände bebten, die Möbel wackelten, und von der Decke rieselte Staub. Der Toningenieur bedeutete uns schweigend weiterzumachen, was wir auch taten, denn endlich schien unsere Arbeit einen gewissen Sinn zu haben. Wir begannen mit normaler Stimme zu reden, befragten uns wechselseitig vor laufendem Mikrophon, weshalb wir eigentlich hier seien. Hauptmann Sams Gesicht nahm wieder seine ursprüngliche proteische Gelassenheit an. Er richtete sich auf und gewann seine Autorität zurück. Im Abstand von einigen Minuten hagelte es nah und fern Granaten. Die Studiotür ging auf, und herein kam eine Gruppe von Frauen mit Bündeln schlafender oder wimmernder Kinder in den Armen. Ihre Gesichter waren so fahl vor Hunger und Entbehrung, als seien sie mit feuchter Asche eingerieben. Sie verbeugten sich entschuldigend vor uns, zögerten einen Moment, und ließen sich dann rundum an den Wänden nieder. Wenn wir schon sterben müssen, so wollen wir es bei Licht tun, im Kreise unserer Freundinnen und im Schatten dieser Männer, die wie Priester in einer Art Latein die höheren Mächte anrufen.

Umgeben vom Rascheln, Seufzen und Murmeln unseres dick verhüllten, schutzbedürftigen Publikums und immer wieder unterbrochen von scharfen, dumpfen Detonationen, saßen wir inmitten der belagerten Stadt in diesem engen Kellerraum beisammen und redeten, lasen Gedichte, reichten das Mikrophon herum, während die großen verängstigten Augen der Frauen an unseren Lippen hingen, als handle es sich bei den fremdländischen Worten um Zaubersprüche, Beschwörungsformeln und Gebete.

Später reichte mir der deutsche Ansager plötzlich eine zerkratzte Violine und einen Geigenbogen, der aussah wie eine zerschlissene Pferdepeitsche. Beim Anblick des Instruments entspannten sich die Mienen, die Blicke hellten sich auf, und die Kinder wurden wachgezwickt. »Musica! Musica!« wisperte es im ganzen Raum. Und ich bemerkte auf den Gesichtern jenen sanftmütigen, erwartungsvollen Ausdruck, den ich aus den armen spanischen Dörfern der Vorkriegszeit kannte.

Ich spielte nicht sehr lange, die Saiten waren durchgescheuert und fettig, aber ich fiedelte ein paar alte spanische Tanzweisen, die ich während meines früheren Aufenthalts erlernt hatte, und spielte sie so laut und schnell ich konnte. Es war ein denkwürdiges Erlebnis – der Geruch von kaltem Rauch und Schießpulver, über unseren Köpfen heulende Granaten, um uns herum nickende und wiegende, verschleierte Frauen, eine gemeinsam durchlittene Madrider Nacht –, intensiv und unvergeßlich. Als ich meinen Vortrag beendet hatte, verkündete Sam, daß ein britischer Freiwilliger soeben ein Violinsolo zum Besten gegeben habe. Wir wußten beide, daß davon keine Rede sein konnte. Die Frauen am Boden sahen mich wohlwollend und nachsichtig an, als sei ich Nachbars Kind, das gerade zu laufen beginnt.

In der Morgendämmerung hörte der Granatbeschuß auf, und die Kinder schliefen endlich ein. Die Familien blieben unbeweglich zusammengeschweißt wie schwarze Elendshäufchen an den Wänden sitzen. Ich kletterte über Balken und Ziegelhaufen und schlüpfte nach draußen. Durch ein großes Loch im Nachbarhaus konnte man am Horizont die verblassenden Sterne sehen. Eine Granate hatte eine der unteren Wohnungen glatt durchschlagen und bis auf die Teppiche das gesamte

Mobiliar ausgeräumt. Es war nichts übriggeblieben als eine grummelnde alte Frau, die stocksteif in der Mitte des Zimmers saß.

Als ich vorbeiging, trafen gerade die Sanitäter ein. Sie ergriffen die Frau am Arm, den sie ihnen sofort wieder entriß. Sie hockte mit ausgestreckten dünnen Beinen am Boden, ihr Mund war vom Schock verzerrt. Ihre Familie sei plötzlich mit den Möbeln zusammen verschwunden, sagte sie. Sie leierte die Namen herunter wie eine Litanei: »Mi marido, Jacinta, Puelo, Ramon ... « Es müssen ein Dutzend oder mehr gewesen sein. Sie seien von einem mächtigen Windstoß hinweggefegt worden. Sie schüttelte ihre Retter ab und rührte sich nicht von der Stelle.

Trümmer versperrten die Straßen in der Umgebung. Mit Karren und Handwagen versuchte man, sie beiseite zu schaffen. Seltsamerweise hatte es nirgends gebrannt, überall nur blanke Zerstörung. Einige Leichen lagen zugedeckt auf den Gehsteigen. Ab und zu humpelte jemand vorbei. Es waren keine Schreie zu hören, keine lauten Stimmen, nur beiläufige gedämpfte, sachliche Wortwechsel wie zwischen Nachbarn, die einen neuen Tag in Angriff nehmen.

Die kalte Verzweiflung Madrids stand in krassem Gegensatz zu seiner Fröhlichkeit während meines letzten Besuchs, und deshalb wollte ich die Gelegenheit nutzen und einige der Orte wiedersehen, die ich von früher her kannte.

Die Puerta del Sol war unter einem grauen Schleier verschwunden, nichts erinnerte an das einstige Stimmengewirr in den Cafés, an das Straßenbahngebimmel, die Rufe der Losverkäufer, die hochtrabenden Dienstmädchen mit ihren Körben voll frisch gescheuertem Gemüse, die umherstolzierenden jungen Männer und die dicken Polizisten an den Straßenecken.

Der Platz war leer, und es herrschte eine gespenstische Ruhe – die Cafés hatten zugemacht, nur einige Frauen standen dichtgedrängt vor einem verschlossenen Laden Schlange. So arm Madrid damals gewesen war, in der Stadt hatte doch eine Art Urlaubsstimmung geherrscht, eine trotzige Leidenschaft für die kleinen Freuden des Lebens, und überall boten kleine Buden Puffmais, Johannisbrot, Sonnenblumenkerne, abscheuliche Zigaretten und Papiertütchen voller bitterer Süßigkeiten feil. Von alledem war jetzt natürlich nichts mehr zu merken, und auch die Düfte, die einst die Gassen der Altstadt durchzogen – nach Brot, Öl oder verbranntem Fisch –, waren dem muffigen Geruch von Pferden, verrottendem Stroh, zerbombten Abwasserrohren und fiebrigen Krankheiten gewichen.

Ich hatte früher in einem alten Gasthaus nahe der Calle Echegarry gewohnt, wo ich für einen halben Schilling die Nacht ein Zimmer gemietet hatte, das von Concha, einer jungen Witwe aus Aranjuez, besorgt wurde. Die Fuhrleute aus den Bergen schliefen bei ihren Tieren im Stall, und der Wirt hielt im Keller des Gasthofs eine Kuh.

Der Ort war nicht wiederzuerkennen. Die großen, sechs Meter hohen Tore, die sich über ein halbes Jahrtausend

in ihren baumdicken, schmiedeeisernen Angeln geöffnet und geschlossen hatten, waren nun, nachdem sie
generationenlang allen Kriegen und Plagen standgehal-
ten hatten, herausgerissen und als Feuerholz verbrannt
worden. Auf dem Kopfsteinpflaster im Hof, wo es einst
vor Maultieren und Karren wimmelte, standen nur
noch einige ausgeweidete Motorlaster herum. Die ge-
mächlichen, von Spreu und Straßenstaub starrenden
Kärrner hatten ölverschmierten Mechanikern und Last-
wagenfahrern Platz gemacht. In weniger als zwei Jahren hatte sich dieser Gasthof, der seit Cervantes die
Gezeiten unverändert überdauerte, in eine Reparatur-
werkstätte für Armeefahrzeuge verwandelt. Ja, in einer
Ecke versuchte ein halbes Dutzend verschmierter Gesel-
len sogar, einen von den Italienern erbeuteten Panzer
zusammenzuflicken.

Ich machte mich auf die Suche nach meinem ehemali-
gen Wirt und seiner Frau und fand sie in der Küche, wo
sie frierend versuchten, über schwelenden Öllumpen einen Kessel Wasser zu erhitzen. Sie erhoben sich wei-
nend und hustend, um mich zu umarmen, und riefen
die Heiligen zu Zeugen ihrer Überraschung und Freude
an. Die Luft war so von schwerem, dickem Qualm ge-
schwängert, daß wir einander ertasten mußten. Immer
wieder wurde vor Erstaunen der Himmel beschworen.
Die achtzehn Monate hatten den jungen Fremden, der
in jenem Sommer bei ihnen Station machte, in einen
verlorenen Sohn verwandelt, der sie an die Ruhe und
den Überfluß des Friedens gemahnte. Sie stammelten
die ausgefallensten Koseworte und erkundigten sich

nach meiner Gesundheit. Ob meine Arme und Beine noch heil seien? Ob ich gute Schuhe habe? Wie es um meine Verdauung bestellt sei? Ob ich nicht etwas essen wolle?

Ich beteuerte, daß ich nicht hungrig sei, der Wirt ließ es sich jedoch nicht nehmen, mich in eine dunkle Kellertaverne auf der anderen Straßenseite zu führen, die einst ein florierendes Freudenhaus gewesen war, aber jetzt nur noch von einigen Anwohnern und Soldaten benutzt wurde. Der Wirt hatte sich in den vergangenen zwei Jahren stark verändert, nicht daß er äußerlich gealtert war, doch die Ereignisse hatten ihm deutlich zugesetzt. Es war nicht mehr der gebieterische Mann, der die Kärrner durch die Luft wirbelte und der, als ich einmal im Hof auf meiner Geige spielte, die vorlaute Großmutteruhr mit einer Branntweinflasche zum Schweigen brachte. Er war dünner geworden, zitterig und tatterig, ging gebückt, und eines seiner prächtigen dunklen Augen war halb geschlossen und blind.

In der Taverne stellte er mich einigen Freunden vor, alten Männern, die ausnahmslos in schwarzen Samtanzügen steckten.

»Das ist Lorenzo«, sagte er. »Violinista, muy amigo. Engländer oder Franzose – aber das spielt keine Rolle.« Die Alten schien diese Mitteilung weder zu überraschen noch sonderlich zu interessieren; immerhin schenkte mir einer ein Glas Wein ein, dünn wie Mückenblut.

Zwei Milizsoldaten kamen herein und setzten sich, die Gewehre auf den Knien. Einer fluchte, was das Zeug hielt, der andere versuchte, ihn zu beschwichtigen. Die Alten beobachteten sie schweigend, aber mit stechendem Blick.

Die Soldaten waren beide Spanier, ungefähr in meinem Alter, schmalgesichtig und nervös.

»Wenn ich noch mal ein beleuchtetes Fenster sehe, kriegen sie eins damit verpaßt«, sagte der Jüngere.

»Aber es waren doch Kinder dabei – du hast sie selbst gehört.«

Der Jüngere sprang auf.

»Ja, und letzte Nacht, sind da vielleicht keine Kinder umgekommen?«

Wenn die nächtlichen Granatwerfer besonders erbarmungslos und zielgenau feuerten, war es schon öfter vorgekommen, daß irgendein mutmaßlicher »Agent Francos« auf dem Dach oder im oberen Fenster eines Hauses eine Signallampe schwenkte und dann, wenn das Bombardement am heftigsten war, ein paar Handgranaten auf die Straße warf, um Feuerwehr und Sanitäter zu behindern.

Auch im zweiten Belagerungswinter wurde im Innern der Stadt noch gekämpft, und selbst in einer ärmlichen Taverne wie dieser konnte sich keiner seines Nächsten vollkommen sicher sein. Während er weitersprach, musterte der Jüngere die Anwesenden.

»Einen haben wir immerhin erwischt«, sagte er unerbittlich. »Lief mit einer Stallaterne über die Dächer.«

»Hat vielleicht nur versucht, seine Haut zu retten«, wandte jemand ein.

»Habt ihr ihn festgenommen?«

»Zum Teufel, das hätte noch gefehlt. Haben ihn einfach
vom Dach gestoßen. Hatte schließlich genug angerich-
tet. Die Leiche liegt draußen auf dem Karren.«
Jemand öffnete den Laden und gab den Blick auf die kalte, graue Straße frei. Auf der Deichsel eines Handwa-
gens hockte rauchend ein Junge. Zwischen den hohen
Holzrädern lag auf Säcke gebettet der gekrümmte Körper eines hageren Greises. Er trug einen guten Anzug,
und der weißhaarige Kopf, der über die Ladeklappe her-
abhing, strahlte noch immer etwas Distinguiertes aus.
»Kennt ihr ihn?« fragte einer der Soldaten.
»Ja«, sagte einer. »Ihr habt den Falschen erwischt. Das ist
Dr. Cardenas. Er hat zwei Söhne bei der Luftwaffe ...«
Die beiden Soldaten zogen ab, aber es kam zu keiner
peinlichen Stille, ja noch nicht einmal zu einem abrup-
ten Themenwechsel. Erst wurden die heldenhaften Piloten der republikanischen Luftwaffe gepriesen – junge
Adler, die den deutschen Geiern mutig die Stirn boten.
Dann rückten die alten Männer an ihren tristen, leeren
Tischen zusammen und begannen in einem Ton, an den
ich mich zeitlebens erinnern sollte – einer Mischung aus
Erschütterung, Sterbebettreminiszenzen und trotzigem
Überlebenswillen –, über den Luftkrieg um Madrid zu
reden, über die schwarzen Junkers und Condors, die
flinken kleinen deutschen Jagdmaschinen und über die
langen Bombennächte des ersten Belagerungswinters.
»Nie zuvor hat es ein solches Getöse gegeben. Es war, als
reiße der Teufel eigenhändig Löcher in den Himmel. Ich
ging gerade über die Straße. Da sah ich, wie vor mir ein
Haus in sich zusammenfiel. Als ob man einen staubigen

Mantel hätte fallen lassen. Dann kam ein heißer Windstoß, der mich hochhob und in einen Brunnen fegte.« –
»Soltero, unten am Markt. Sein Haus wurde in der Mitte
entzweigerissen. Wachte auf, und das halbe Bett und seine Frau waren weg.« Dann kamen die Brandbomben,
ganz gezielt, auf die Altstadt und die Armenviertel. Die
deutsche Luftwaffe arbeitete mit klinischer Präzision.
Franco hatte verkündet, eher werde er Madrid vom
Erdboden tilgen, als daß er es »in den Händen der Mar-
xisten« belasse. Er überließ die Stadt der deutschen
Luftwaffe, die die Auswirkung von Massenbombardie-
rungen auf eine europäische Großstadt ausprobieren
wollte. Tausende von Bewohnern wurden in Stücke gerissen, erschlagen, zerquetscht oder verbrannt; die
Überlebenden flohen vor den Flammen von einem Vier-
tel ins nächste, mußten auf den Straßen, in den Kellern
oder draußen auf dem Land übernachten. Aber die Wirkung, welche die Bombardierungen bei ihren Opfern
zeitigte, hat – hier wie in so vielen anderen Städten danach – niemals maßgeblich zur Niederlage eines Volkes
beigetragen.
Die Mittagszeit rückte näher, und ich wollte gerade die
Taverne verlassen, um mich bei Hauptmann Sam zu-
rückzumelden, als plötzlich die Tür aufgerissen wurde
und eine bucklige Gestalt hereintrollte. Der verkrüp-
pelte Riese mit den lahmen Beinen hatte die Klinke mit
dem Kopf aufgedrückt und hoppelte auf allen vieren in
den Raum, um Hände und Knie hatte er zu seinem
Schutz Fetzen eines Autoreifens gebunden. Ich kannte
ihn von früher – den feinen, klassischen Kopf, die

mächtigen Schultern, die Oberarme eines Boxers. »Hey,
Lorenzo!« rief er mit kehligem Knurren, als hätte er
mich gestern zuletzt gesehen.

Er hatte schon immer etwas von einem Zyniker und
Witzbold gehabt. Nun fügte er den Altherrengeschich-
ten über den Luftkrieg ein paar eigene Anekdoten hinzu – daß er nur deshalb noch am Leben sei, weil Gott ihn
dankenswerterweise dazu befähigt habe, schneller als
andere die Regenrinne herunterzurutschen. Und ob
sich die ehrenwerten Genossen an jenes denkwürdige
Ereignis erinnerten, als ein einzelnes faschistisches
Flugzeug im Tiefflug vier Fallschirme mit je einer Kiste
über der Stadt abwarf? Nein, keine Bomben, nur Holzkisten, mit bunten Bändern verschnürt. Die Leute meinten, es seien vielleicht Geschenke. Aber als sie die Kisten
aufbrachen, entdeckten sie die fein säuberlich vierge-
teilte Leiche eines jungen republikanischen Piloten. O
ja – wirklich ein übler Scherz. Aber später hätten sie
sich doch noch zu einer freundlichen Geste aufgerafft,
fügte der Krüppel hinzu. Eines Nachmittags sei ein
Bomber über die Stadt geflogen und habe einen feinen,
fetten Räucherschinken abgeworfen. Es war kurz vor
Weihnachten, und die Leute hatten seit Jahren keinen
Schinken mehr gesehen. Er traf einen Mann und riß
ihm den Arm ab.

Ich kehrte mit meinem Wirt in die verqualmte Küche
zurück, wir umarmten uns zum Abschied, und seine
Frau schenkte mir ein Paar Socken. Bevor ich ging, stahl
ich mich nach oben, um einen Blick in mein altes Zimmer zu werfen, aber die Tür war vernagelt. Als ich

wieder nach unten kam, rief jemand meinen Namen.
Conchas rosenfarbene Wangen hatten sich abgekühlt,
aber ihre Augen waren tiefer denn je, wenngleich ein
wenig unstet. Sie hatte beim ersten Mal die Führung
übernommen, inzwischen war ich älter, stärker.
»Mann«, sagte sie ein wenig zögerlich und ließ sich in
den Schatten zurückgleiten. Dann hob sie zitternd ihre
Hand und berührte sanft meine Lippen.

DIE GEFRORENEN
TERRASSEN VON TERUEL

S am kehrte nicht mit uns nach Tarazona zurück, sondern blieb in Madrid, wo er noch Verschiedenes zu erledigen hatte. Als wir in Tarazona ankamen, war die Stadt
halb leer, die Unterkünfte verlassen, die meisten Männer
waren in Teruel an der Front. Die berauschende Weih-
nachtsmär von unserem Sieg über Franco hatte sich während unserer Abwesenheit fast ins Gegenteil verkehrt. Wie
war es möglich, daß wir nichts davon wußten? In Tarazona
war die Veränderung mit Händen zu greifen ...

Franco hatte Teruel drei Jahre lang als exponierteste
Stellung zum Mittelmeer hin gehalten, und als die Republikaner die Stadt an Weihnachten zurückeroberten,
hatte man geglaubt, das Blatt habe sich endlich gewendet und die Tage des Rückzugs seien vorbei.

Aber das Schlimmste sollte erst noch kommen. Die Eroberung von Teruel war ausschließlich von spanischen
Truppen bewerkstelligt worden, die Internationalen
Brigaden wurden nicht eingesetzt. Danach hatte Franco
eine Gegenoffensive begonnen und unsere Einheiten so
heftig unter Artilleriebeschuß genommen, daß ganze
Hügelkuppen weggebombt wurden und die Landschaft
nicht wiederzuerkennen war. Mit Unterstützung der

Legion Condor und zweier Generale in zwölf Eisen-
bahnwaggons waren das kastilische und galizische
Armeekorps vorgerückt, und die republikanischen
Truppen hatten ihre Eroberung sehr bald wieder räu-
men müssen.

Als das Wetter sich verschlechterte, wurden schließlich
die Internationalen Brigaden in den Kampf geschickt.
Fred Copeman, der das britische Bataillon befehligte,
wurde krank, und Bill Alexander übernahm das Kommando. Die Kompanie wurde auf den Namen »Major
Attlee« getauft, und bereits am ersten Tag fielen dreizehn Mann. Die Republikaner waren gerade dabei, sich
langsam aus der Stadt zurückzuziehen, als das Kampfge-
schehen durch einen viertägigen Schneesturm, wie
man ihn seit Generationen nicht erlebt hatte, vollständig
zum Erliegen kam. Die Witterungsverhältnisse waren so
schlimm, daß die Männer an ihren Waffen festfroren.

So zumindest wurde uns die Lage geschildert, als wir
aus Madrid zurückkehrten. Über der Stadt lag ein
Schleier grauen Elends. Die Kapelle, in der ich zuletzt
Quartier bezogen hatte, war in ein Lazarett umgewan-
delt worden, und so versuchte ich es in dem kleinen
Haus beim Marktplatz, das vorher Kassell und seine
Truppe beherbergt hatte, die offenbar allesamt aus-
geflogen waren. Jetzt hauste dort ein zweifelhaftes
Brüderpaar aus Cartagena, hartgesottene Asketen, die
selten den Mund auftaten. Sie hatten alle unsere
Dekorationen aus der Villa entfernt, und anstelle der
Plakate und Landkarten waren nur noch die blanken

Wände zu sehen, auf denen in großen roten Buch-
staben VICTORIA! gemalt stand.

Es wurde gemunkelt, die beiden seien früher Priester
gewesen, und ihr außergewöhnlicher Eigensinn schien
dies zu bestätigen. Sie waren von einem leidenschaft-
lichen, ja fanatischen Haß gegen General Franco und
seine Worte getrieben – und hatten offenbar auch für
uns nicht sonderlich viel übrig.

Die Brüder hatten etwas Autoritäres an sich, das wir so
in Tarazona noch nicht erlebt hatten, und die Übernah-
me dieses kleinen Hauses, das so lange Kassell, den politischen Kommissaren und den Kommandanten und
Ausbildern der britischen Kompanie als Hauptquartier
gedient hatte, nahm auf seine Weise die spätere Auf-
lösung der Internationalen Brigaden vorweg. Diese
Männer waren weder internationalistisch noch politisch
gesinnt, sondern einfach nur spanische Patrioten. Und
sie taten alles, uns dies spüren zu lassen.

Die beiden Brüder waren recht jung, vielleicht Anfang
dreißig, hatten beide ein spitzes, melancholisches Kinn
und aus ihren Augen blitzte die Mordlust religiöser Fa-
natiker. Sie hatten eine Schwäche für Selbstkastei-
ungen, schliefen ohne Decke auf dem blanken Boden
und spazierten bisweilen barfuß durch den Schnee.

Schon bald nach meiner Rückkehr bestellten sie mich
eines Morgens zusammen mit einem portugiesischen
Jüngling namens Serrano in ihr Hinterzimmer und
eröffneten uns, daß sie uns nach Teruel schaffen ließen.
Ich entsinne mich noch heute des Gesprächs in ihrem
»Büro« – die Brüder, eine einfache Decke wie Ziegenfell

um die Brust geschlungen, hockten beide auf dem Boden, während wir vor ihnen stillstehen mußten. Sie betrachteten den gutaussehenden jungen Serrano mit einer Mischung aus Lüsternheit und Verachtung, wohingegen sie mich offenbar für Kanonenfutter hielten.

»Portugiese und Engländer«, meinte einer zum anderen. »Schlimmer als die Franzosen. Kein Mumm in den Knochen.«

Wir brachen im Morgengrauen auf. Wir hatten nur wenige und zweideutige Befehle erhalten. Ich vermutete, die Brüder wollten uns einfach los sein. Wir fuhren in einem Kleinlaster auf rasselnden Schneeketten aus Tarazona fort, das Wetter hätte wüster nicht sein können. Die gedrungenen Olivenbäume auf den Hügeln taumelten wie schwarze Stacheldrahtbündel im beißenden Wind. Serrano war inzwischen schwer erkältet und sah längst nicht mehr so hübsch aus; er fühlte sich offensichtlich hundeelend. Wir hatten Proviant für einen Tag dabei, aber die Fahrt würde eher zwei Tage dauern. Wir lehnten gegen eine dicke Rolle geteertes Segeltuch und kuschelten uns eng aneinander.

Wir waren die einzigen Passagiere; die restliche Ladung des Lastwagens schien aus Kriegsgerät zu bestehen. Man hatte mir gesagt, wir führten neue Munition bei uns, aber dafür holperte der Wagen viel zu unbeschwert über die Schlaglöcher hinweg. Unter den Planen fanden wir lediglich ein Eselsgeschirr mit bunten Quasten und Troddeln, wie man sie unten in Andalusien benutzt. Wozu transportierten wir solchen Quatsch an die Front?

Gegen Mittag erreichten wir die Berge, aber der Schnee fiel so dicht, daß wir unter einer Brücke anhielten. Unser Fahrer stieg aus dem Führerhaus und kam zusammen mit einer kleinen, vermummten Gestalt nach hinten, um uns Gesellschaft zu leisten. Im Dunst ihres Atems kletterten sie zu uns auf die Ladefläche, der Fahrer bat um eine Zigarette. Im grellen Schein des Schnees sah ich das rotgeäderte Gesicht eines Trinkers, seine wuchernden Bartstoppeln, einen mächtigen Körper, der von zwei krummen Beinchen getragen wurde. Von seinem zusammengekauerten Kumpan war nicht mehr wahrzunehmen als zwei tiefe, schiefstehende Augen, die durch dicke Schals hindurchlinsten.

Der Fahrer sprach ein grobschlächtiges, befehlshaberisches Spanisch mit russischem Akzent, wie ich es seit Wochen nicht gehört hatte. Sein kleiner Gefährte kroch zu ihm hinüber und redete mit leiser Mädchenstimme bestätigend, beschwichtigend, katzbuckelnd auf ihn ein. Er griff in seine Tasche, kramte eine Dose Sardinen hervor und brach sie gemächlich auf. Dann pulte er einen der glänzenden Fische heraus, schüttelte ihn kurz und hielt ihn dem Mädchen vor die Nase. Sie zog den Schal herab und sperrte den Mund auf wie ein junger Vogel, bis er das ölige Etwas zwischen ihre Lippen fallen ließ. Sie schluckte den Fisch scheinbar am Stück hinunter, ohne daß sich die Kehle bewegte, dann öffnete sie erneut den Schnabel. Er fütterte sie geduldig, bis die Dose leer war, und wischte ihr am Ende mit dem Hemdsärmel die Lippen ab.

Er habe sie in den Bergen aufgelesen; dünn und ausgemergelt wie ein Storchennest. Er füttere sie heraus, damit sie ein wenig Speck ansetze. Sie tue nichts als essen und schlafen. Und wenn sie schlafe, äße er.

Der Gegensatz zwischen seiner bulligen Statur und ihrer Zerbrechlichkeit hatte etwas Groteskes, er ein gewaltiger, schwarzer Minotaurus, sie – trotz all ihrer dicken Schals – nicht mehr als ein zierliches Püppchen. Ihr entschleiertes Gesicht war von wächserner Schönheit, und ich schätzte sie kaum älter als vierzehn Jahre. War er der väterliche Beschützer, der er zu sein schien, und sie so kindlich, wie sie tat?

Serrano, der, von einem Hustenanfall gebeutelt, plötzlich erwachte, schlug die Plane zur Seite und erkundigte sich, wo wir seien. Ich erklärte ihm, daß wir wegen des Schnees unter einer Brücke gehalten hätten, wies auf den russischen Fahrer und das Mädchen, aber er schüttelte nur den Kopf und stöhnte. Nachdem der Fahrer das Mädchen in eine Ecke verfrachtet hatte, öffnete er eine weitere Büchse Sardinen, die er nun mit uns beiden teilte. Er schien ein wandelnder Delikatessenladen, hatte sogar Brot dabei, und in den Taschen seines Überziehers schepperten und klapperten die Bestände. Serrano fragte ihn, weshalb wir anstelle von Waffen ein Eselsgeschirr dabei hätten, doch der Fahrer lachte nur und fragte, ob wir vielleicht in die Luft fliegen wollten? Das Mädchen sah Serrano lange schweigend an und schien gerade etwas sagen zu wollen, doch der Russe entführte sie flugs in die Führerkabine, manövrierte den Wagen auf die Straße zurück und begann mit dem langwierigen Aufstieg auf die Sierra. Das Schneetreiben hatte ein wenig nachgelassen, und die Flocken fielen nur noch in einzelnen Böen, als werde im Himmel oben beständig ein Tor aufgerissen und wieder geschlossen. Am Straßenrand standen zwischen Felsen und Baumstümpfen immer wieder kleine Konvois von Lastwagen und Fuhrwerken, die wegen einer Panne hatten anhalten müssen. Männer hockten in Decken gehüllt in den Kabinen oder kauerten um heftig im Wind flackernde Lagerfeuer. Es schien keinerlei Verkehr in Richtung Front zu geben – Lastwagen und Maultierkolonnen, manchmal auch ein kleiner Trupp Soldaten oder einer der altertümlichen hohen Krankenwagen, sie kamen uns alle entgegen.

Schweigend und in einem Zustand innerer Leere fuhren wir ziellos weiter, als berühre uns all dies nicht. Serranos Kopf sackte tiefer und tiefer zwischen die Schultern und seine Schultern tiefer und tiefer zwischen die Knie. Selbst der lärmige Russe in der Führerkabine war erstaunlich ruhig geworden. Als die Dunkelheit hereinbrach und die Schneeböen endlich nachließen, erglühten wie bei einem Sommergewitter über den Bergrücken vor uns schnelle, feurige Blitze.

Die Straße war schlechter geworden, von Steinen und Löchern und Wrackteilen zerstörter Fuhrwerke übersät. Wir hielten an einer verfallenen Scheune an, die in einer Art Steinbruch versteckt lag, und richteten uns dort für die Nacht ein. Der Russe setzte sein Mädchen in die Ecke, half uns beim Feuermachen und spendierte eine neue Runde Sardinen. Er nahm nun die Rolle des

Anführers, Beschützers und Ernährers ein, und wir begannen uns zu fragen, was wir wohl ohne ihn getan hätten. Er kroch auf den Knien ums Feuer, patschte uns Brotstücke in die Hand, zottelte davon, um das Mädchen zu füttern – seine geschäftige, massige Gestalt füllte die ganze Scheune aus, als hätten wir einen rastlosen, liebenswerten Bären zu Besuch.

Feuer und Essen erweckten Serranos Geister zu neuem Leben, und seine Augen begannen wieder zu glänzen wie die hübschen Locken auf seinem Haupt. Das Mädchen beobachtete ihn erst schweigend, dann entblößte sie ihr Gesicht, dann absichtsvoller auch ihre Schultern, während sie Zentimeter um Zentimeter an ihn heranrückte. Trotz der erbärmlichen Kälte nahm ihr Gesicht einen schwärmerischen Ausdruck an, den der Junge meiner Ansicht nach noch nicht einmal bemerkte. Wohl aber der Fahrer: Er gab ihr mit seiner Pranke eins hinter die Ohren und stieß das winselnde Kind an die Wand zurück. Dann kauerte er am Feuer nieder und erzählte uns seine Lebensgeschichte, die sich, wie bei einem Russen nicht anders zu erwarten, lang und finster gestaltete.

Ab und an hörten wir in der Ferne das Stakkato von Gewehrsalven, das klar und deutlich über die Eiswüste zu uns herüberdrang. Teruel konnte nicht weit entfernt sein, an der Front wurde offenbar noch immer gekämpft, aber wir waren zu erschöpft, als daß es uns groß gekümmert hätte. Während der Fahrer mit monotoner Stimme seine Lebensgeschichte ausbreitete, nickten Serrano und ich ein. Es war ein ungesunder und unruhiger Schlaf. Die Gewehrschüsse kamen näher. Serrano lag zusammengerollt und zuckend wie ein träumender Hund am Boden, aus seinem Mund entwichen immer wieder kurze gepreßte Schreie; der Russe lag auf dem Rücken ausgestreckt in einer Ecke, schnarchte, daß sich die Balken bogen, und hatte das Mädchen wie eine Decke über die Brust gezogen.

Es war eine der kältesten Nächte, die ich je erlebt habe. Ich hielt die Hände zwischen die Schenkel geklemmt und klapperte mit den Zähnen, mein Mantel knirschte vor Frost. In den Zehen und Fingern breitete sich eine dumpfe Taubheit aus, und die Nasenflügel schmerzten, als seien sie aufgespießt worden. Schließlich rappelte ich mich auf und stampfte mit schweren Schritten durch die Scheune. Der Schnee kam in Böen durch die Löcher im Dach hereingepeitscht. Ohne das Geringste zu bemerken, lag der Russe schnarchend in seiner Ecke, während das Mädchen auf seinem Bauch schniefte und weinte.

Kurz vor Tagesanbruch hörte die Schießerei auf. Ich weckte Serrano, dessen Schlaf verdächtig nach Totenstarre aussah, sein Kinn hing herab wie das einer vergifteten Ratte. Ich machte von neuem Feuer, auf dem ich eine Handvoll Schnee erhitzte, und wir tauchten unsere letzten Brotkrumen ins heiße Wasser. Als das Feuer lichter brannte, entdeckten wir, daß die Ecke des Russen leer war. Plötzlich kurbelte draußen jemand wie irre am Anlasser, wir hörten einen Schrei, als der Motor endlich ansprang, dann entfernte sich der Lastwagen, und das Geräusch versiegte.

Sie hatten uns sitzenlassen. Der Fahrer hatte sich nicht von uns verabschiedet, ja noch nicht einmal eine Dose Sardinen hatte er dagelassen. Wir waren auf uns selbst gestellt – ohne Orientierung, ohne Führung, ohne Order, ohne Essen. Was hatte ich in diesen spanischen Bergen verloren, ohne jedes benennbare Ziel, doch dafür in Begleitung eines hübschen portugiesischen Jungen, den ich überhaupt nicht kannte.

Als es hell wurde, ließ ich Serrano am Feuer sitzen und begab mich nach draußen, um einen ersten Eindruck von Teruel zu bekommen. Vielleicht acht Kilometer entfernt lag auf einer Anhöhe eisig glitzernd die Stadt; Kathedrale, Schloß, Zinnen und Türmchen waren in silbrig schimmerndes Licht getaucht. Es war eine schweigende Stadt, die nicht zu dieser Welt gehörte; es hätte ein lebensgroßes Wandgemälde sein können oder eine fein ziselierte Elfenbeinschnitzerei aus der Sammlung eines mittelalterlichen Papstes oder Kardinals. In ihrer glänzenden Stille wirkte sie wie eine Reliquie, das keusche und blutlose Grab eines Märtyrers. Doch wie ich nur allzubald erfahren sollte, hatten sich die Bewohner darin verschanzt und waren bereits seit einigen Tagen dabei, sich gegenseitig zu massakrieren.

Die Ruhe, die im Augenblick über der Stadt schwebte, hätte die Ruhe der Erschöpfung nach den Exzessen und Bombardements der Nacht sein können. Aber es war nicht der Schlaf des Friedens und der Erneuerung, sondern bloß ein Sammeln der Kräfte für neue Greueltaten. Für den kurzen Augenblick einer Waffenruhe war Teruel in sich selbst versunken, sonnte sich reglos in dem perlmutternen Morgenlicht, nur hier und dort streckte es wie Fühler seine schlanken Rauchsäulen zum Himmel empor.

Während ich mit dem Rücken zur Scheune stand, meine verfrorenen Finger anhauchte und die Stadt bestaunte, sah ich von Ferne in kurzen stolpernden Etappen drei Gestalten heranspurten. In ihren flatternden Decken wirkten sie wie kleine runde Möpse. Schließlich schwärmten sie in unterschiedliche Richtungen aus, um uns einzukreisen. Während ihrer Pirsch hüpften sie auf und ab wie Hasen oder Fasane, und ich fragte mich allen Ernstes, ob sie sich für unsichtbar hielten. Ich schlüpfte zurück in die Scheune und weckte Serrano, dann verfolgten wir durch ein Loch in der Wand das weitere Geschehen. Der Rauch unseres Feuers mußte ihre Aufmerksamkeit erregt haben, aber sie schienen es nicht eilig zu haben, richtig nahe an uns heranzukommen. Dann hörte ich den einen rufen, sie sollten ihre Köpfe einziehen, er werde »die kleinen Scheißer gleich wegpusten«. Der Mann sprach in singendem Tonfall und hatte einen südwalisischen Akzent. Er hob eine Handgranate an die Zähne.

Ich rannte aus der Scheune, streckte meine leeren Hände in die Luft und brüllte, er könne sich die Mühe sparen. »Kommt rüber«, rief ich, »wir kommen aus Tarazona.« Nach einer kurzen Pause richteten die drei sich auf und trotteten zu uns herüber. Der Waliser ging voran und zog einen in dickes Sacktuch gewickelten Fuß hinter sich her. »Verfluchtes Miststück«, sagte er und stieß mit dem Gewehr gegen den Klumpen an seinem Bein.

»Na, Jungchen, was treibst du denn hier?«

Betreten standen die drei gedrungenen Gestalten um mich herum. Ihr Alter war hinter den dicken, wollenen Schals nicht zu erraten. Gute Frage, dachte ich; habe selbst keine Ahnung, was wir hier tun. Ich führte sie in die Scheune zu den letzten Resten unseres Feuers. Zitternd vor Kälte hockten sie nieder, rangen nach Luft und pusteten in die Asche. Unter ihren Russenmützen waren nur die Augen zu sehen und die huschten unruhig hin und her wie Mäuse in einem Käfig.

»Wer ist das?« fragte der Waliser und zeigte mit dem Kopf auf Serrano, der schniefend und schneuzend auf den Fersen schaukelte. Ich versuchte zu erklären, wer Serrano sei, und merkte dabei, daß ich es selbst nicht wußte.

Der Waliser hatte seine eigenen Vermutungen, wandte sich direkt an Serrano und stellte ihm in perfektem Spanisch eine Frage, bekam jedoch nur Seufzen und Stöhnen zur Antwort. »Schätze, es wär nicht das Dümmste, den loszuwerden.«

Seine Gefährten standen auf und stießen den Jungen mit ihren Gewehren zu Boden. Wie eine Marionette ließ Serrano alles mit sich geschehen. Der Waliser spuckte aus.

»Die ganze Nacht auf Patrouille gewesen«, brummte er, »und nichts aufgelesen als zwei Tunten aus Tarazona. Na ja, nimm's nicht krumm – aber sieh dir *den* doch mal an!«

Serranos Locken kräuselten sich vor Angst zu einem

Heiligenschein. Seine zerbrechlichen Finger klammerten sich am Stiefel eines der Soldaten fest.

»Könntest recht haben«, sagte dieser und entsicherte das Gewehr.

In diesem Moment wurde plötzlich wie mit einem gigantischen Händeklatschen das Bombardement wiederaufgenommen.

»Nichts wie weg, Jungs«, sagte der Waliser, nun fast gutgelaunt, »besser, ich schaff euch zurück ins Lager.«

Wir stürmten aus der Scheune und rannten mit eingezogenen Köpfen hinter dem humpelnden, brüllenden Waliser her. Die Detonationen kamen näher, der Boden bebte wie ein Trommelfell, die Luft kreischte und zerrte, und wir warfen uns alle flach auf den Boden.

Wenn man unter Granatbeschuß steht, übernimmt der Körper die Kontrolle über den Geist; er versteift und entspannt sich, der Mund wird abwechselnd wäßrig und trocken, und alle Sinne verdichteten sich im Nacken. Die Scheune verschwand in einer Wolke aus Lehm und Holzsplittern, und ich versuchte, mich so gut es ging zwischen Matsch und Steinen einzugraben.

Als unweit von uns eine Granate niederging und explodierte, stieg wie ein schmutziger Geist eine Schneesäule in die Höhe, bäumte sich stachelig auf und fiel wieder in sich zusammen. Immer mehr solche Erscheinungen schossen nun in meiner Umgebung aus dem Boden, stiegen auf, hingen kurz in der Luft und kollabierten, als würde die Luft selbst grausam entzweigerissen und wieder zusammengestaucht; und je länger es dauerte, desto deutlicher wußte ich, daß unter Granathagel ein jeder seinen Mut verliert.

Erst später erfuhr ich, daß dieser massive Granatbeschuß das Ende der Schlacht um Teruel einläutete. Francos Truppen holten mit Unterstützung italienischer Flieger und Panzer zum Vernichtungsschlag gegen die befestigte Stadt aus. Die republikanischen Einheiten und Internationalen Brigaden begannen ihren unvermeidlichen Rückzug, verschanzten sich kurzzeitig auf den offenen Anhöhen und in den engen Gräben vor den Stadtmauern, bevor sie sich endgültig gen Süden und zum Meer hin zurückzogen. Das Weihnachtsgeschenk, das die Republikaner mit Teruel erhalten hatten, war ein vergiftetes Spielzeug gewesen. Es sollte der Sieg sein, der das Kriegsglück wendete, aber in Wirklichkeit besiegelte es die Niederlage.

Den größten Teil des Morgens lag ich wie festgenagelt, den Klumpfuß des Walisers im Visier, bis ich ihn gegen Mittag »Und los, Jungs, alle Mann hinter mir her!« rufen hörte und sein Fuß wie ein Schneeball vor mir zu tanzen begann.

Die Landschaft um uns her war von den Trümmern der Niederlage gezeichnet und verkündete das Ende aller Barmherzigkeit und Hoffnung. Das Schicksal des neuen Spanien – jenes »trockenen Vierecks« – wurde auf den gefrorenen Terrassen von Teruel entschieden. Die Schlucht verbreitete sich, und wir kraxelten hinter dem Waliser her über Lastwagenwracks und Trümmerteile. An einer Felswand lagen drei Soldaten mit bläulich-schwarzen Leibern, an deren Kleidern der Wind nagte. Ihre Augen, weit geöffnet, glänzten wie Eis. Sie mußten dort erfroren sein.

Ich bezweifle, daß der Waliser wußte, wohin er uns führte, aber schließlich erreichten wir eine Art Bunker, der aus dem Fels und Eis gehauen und teilweise von Wellblech überdacht war. Ein Hund war zu sehen, ein Kochtopf und einige schlotternde Männer, die aus rostigen Dosen aßen. Sie hatten graue Gesichter, waren in Lumpen gekleidet, und ihre Köpfe zuckten während des Essens wie gejagte Tiere nach allen Richtungen. Es handelte sich um Spanier, und der Waliser eilte, ohne ein Wort zu verlieren, an ihnen vorbei und kletterte mit Serrano im Schlepptau weiter bergabwärts.

Die Spanier wollten wissen, wer ich sei. Engländer, sagte ich. Weshalb ich den ganzen Weg gemacht hätte, nur um zu spät zu kommen? Sie seien die spanische Armee. Sie bräuchten keine Hilfe von Ausländern. Und wenn, dann die Hilfe der ganzen Welt.

Aber sie ließen mich bleiben. »Deine ganzen Genossen sind sowieso schon hinüber.« Sie drückten mir eine alte Winchester und ein paar Patronengurte in die Hand. »Damit kannst du dich wenigstens selbst erschießen.«

Ich blieb mehrere Tage in der Eiskatakombe der Spanier. Noch nie waren mir so hoffnungslose und mutlose Männer begegnet. Nur wenn morgens das Essen vorbeigebracht wurde, lösten sie sich aus der embryonalen Lage, in der sie sich sonst zusammenrollten. Es gab kein Feldtelefon, und die Stellung, die sie bewachten, schien längst überflüssig geworden; ihr Anführer, ein Schulmeister aus Talavera, gab freimütig zu, daß er nicht wisse, wozu seine Männer eigentlich hier seien.

Sie nannten ihn mit einem Anflug von Bitterkeit in der Stimme »Papa Guido«. Seine Augen hatten vor lauter Angst und Erschöpfung eine Zwetschgenfarbe angenommen, und er trug stets eine Mütze mit Troddel bei sich, die er gelegentlich aufsetzte, woraufhin alle feierlich salutierten. Unter ihrer nahezu sprachlosen Lethargie kam manchmal eine Prise schwarzer Humor zum Vorschein.

Sie hätten zehn Tage lang unter Granatbeschuß gelegen, sagte Guido, und seien zweimal überrannt worden, ohne daß jemand die Männer im Bunker bemerkt habe. Nur einmal sei zufällig einer vom Bajonett eines vorbeilaufenden Moro getroffen worden, der dann umgekehrt sei, um ihm den Rest zu geben. Der Verwundete, ein fülliger Mann mittleren Alters, schwankte zwischen Koma und Delirium. Manchmal fing er mit schwacher, abwesender Stimme zu singen an, oder aber er lag regungslos unter den Mänteln von Toten. Zwar hatte er aufgehört zu bluten, dennoch bestand wenig Hoffnung. Sie hätten versucht, ihn wegzuschaffen, warteten aber bis heute auf Hilfe.

Die Waffen schwiegen, dann zog eines Nachts ein gespenstischer Nebel herauf, ein dichter, schwerer Dunst, der teils von unserem Atem und teils von den umliegenden Schneeverwehungen herrührte. Die Kälte, die er mit sich brachte, war tödlicher denn je. Dies schien Guido endlich aus seiner Stumpfheit zu reißen. Mit irrem Stottern hielt er seiner Truppe eine förmliche

Rede, gab Befehle aus und unterteilte die Nacht in Wachdienste.

Linker Hand der Stadt bewegten sich Lichter, und wir hörten deutlich die entfernten Rufe. »Sie kommen zurück«, sagte Guido und griff dabei mit dem Finger an die Unterlippe, um nicht zu stottern. Und so war es denn auch, am Morgen rückten sie an.

Kurz vor Tagesanbruch schossen in langen Bahnen die Granaten über unsere Köpfe hinweg, gefolgt vom metallischen Rasseln der Panzer mit ihren grollenden Kanonen und den dröhnenden Sturzflügen italienischer Kampfflieger. Das Hauptziel des Panzerangriffs lag weiter vorn, nichtsdestoweniger wurden wir in kürzester Zeit überrannt; unser Maschinengewehr flog in die Luft, und wir flüchteten, mehr rutschend und fallend als laufend, die vereiste Schlucht hinab. Das erste, woran ich mich erinnere, ist die Großaufnahme des rennenden Feindes – japsende Männlein, rotgesichtige Knaben, wild um sich spuckende Moros. Plötzlich ein wirrer Zusammenprall, ein atemloses Handgemenge, ein hilfloses Stoßen, Stechen, Ächzen und Fluchen, ein Moment der Schwäche oder ein Ausrutscher bedeutete den Tod. Dann brach das kämpfende Knäuel auseinander, und jeder eilte in eine andere Richtung davon, ein jeder der keuchende Mittelpunkt seines eigenen Überlebens.

Ich versuchte, mich zu der alten Scheune durchzuschlagen, wo ich die erste Nacht verbracht hatte. Gelähmt brach ich zusammen. Ich hatte einen Mann getötet und sah seine entsetzten, wütenden Augen vor mir. Es gab nichts, was ich ihm jetzt noch hätte sagen können. Panzer rasselten vorbei, aber die Schreie entfernten sich. Ich hatte Halluzinationen und wurde wiederholt ohnmächtig. Ich hatte jedes Gefühl für Zeit und Raum verloren. Einige unserer Leute, ich weiß nicht wer, fanden mich und fuhren mich schweigend nach Tarazona.

War es das, wozu ich hergekommen war, war dies der Sinn meiner ganzen Reise – in panischer Angst das Leben eines mir unbekannten jungen Mannes auszulöschen, dessen Tod unseren Sieg oder unsere Niederlage in keiner Weise beeinflussen konnte?

DER WEG ZURÜCK

Das weiße Tageslicht schmerzte; ich konnte es sehen und fühlen – eine wabernde Stille hüllte meinen Kopf ein. Ich saß auf den Stufen der Kapelle, halb blind, halb betäubt, ein Rinnsal geschmolzenen Eises rieselte mir über den Fuß. Der Lärm des Krieges, obschon mehrere Tage alt, hatte sich in meinem Schädel festgesetzt, allzeit bereit, wie auf Knopfdruck hervorzubrechen. Der Mann neben mir trug einen zerknitterten weißen Kittel. Er sah aus wie ein Arzt oder Fleischer.

»Genosse«, sagte er, »wir schicken dich nach London zurück.«

Es war ein dicklicher, junger Mann mit einem Menjoubärtchen – der politische Kommissar von Tarazona. Ich sagte, daß ich nicht zurück wolle.

»Du würdest uns dort mehr nützen. Hier können wir wirklich nicht mehr viel mit dir anfangen. Du könntest über uns schreiben, Vorträge halten, Plakate malen – was immer ... «

Er grinste mich mit seinem wohlmeinenden Fleischerlächeln an, tätschelte meinen Arm, stand auf und stapfte mit wehendem Kittel davon.

Es gab niemanden in Tarazona, dem ich hätte Adieu sagen können; sie waren alle verschollen, tot, desertiert oder vom Schnee verschluckt. Ich nahm meine Decke und meinen Rucksack und setzte mich auf einen Lastwagen nach Albacete. Die Soldaten, die dort in verdreckten Ponchos herumlungerten, waren inzwischen größtenteils Spanier. In der Luft lag der feuchte, schimmlige Geruch des nahenden Frühlings, eines Frühlings freilich, der weder Wärme noch Wohlsein verhieß.

Ich brachte mein Gepäck in die Kaserne und ging zu der Taverne hinunter, wo wir ehedem Zuckerrohr ausgelutscht und Eichelkaffee getrunken hatten. Die Eicheln waren inzwischen ausgegangen, und die Siegesplakate schälten sich von den Mauern – auf dem Kopf stehende, grotesk verkehrte Kriegsaufrufe und Parolen, die sich an den Wänden kringelten.

Die jungen spanischen Soldaten, die in der Taverne saßen, führten nicht das lose Mundwerk, das ich gewohnt war, ja, ihre Äußerungen waren beinahe salbungsvoll und von abstrakten, rituellen Phrasen durchsetzt.

»Sie waren in der Übermacht. Wir wurden verraten. Wir wurden bestraft. Gott hat uns eingefroren.«

»Gott hat was?«

»Er hat uns mit seinem allmächtigen Atem eingefroren.«

Es ging immer noch um Teruel; den unverzeihlichen, unvorstellbaren Verlust des Grals; den plötzlichen Absturz aus dem Licht in die Finsternis.

Ich verließ die Taverne und begegnete unter einer Brükke zwei Männern. Der eine war etwa in meinem Alter und hatte ein pechschwarzes, borstiges Kinn; er verband dem Jüngeren, Bartlosen, das Knie.

»Mein Bruder«, erklärte der Ältere, während er sorgfältig die Bandage wickelte.

»Er ist mir gefolgt ... konnte ihn nicht davon abhalten«, sagte der Jüngere.

»Bin ich nicht. Ich bin beim Major geblieben.«

»Und wie hast du mich dann gefunden?«

»Einfach der Nase nach.«

»Wär mir lieber, eine vollbusige Nonne hätt' mich gefunden!«

Seine schmutzigen Hosen waren an der Naht aufgetrennt, und eine üble Wunde zog sich vom Knie bis zur Leiste. Sein Bruder hatte die obere Hälfte leicht bandagiert und wusch das Knie mit Wasser aus einem Kanister. Die Ränder des offenen Fleisches hatten sich grünlich verfärbt, und der Junge schwitzte leicht.

»Keine anständige Amme würde sich in deine Nähe wagen, Porco«, sagte der Ältere und richtete ihn in eine sitzende Stellung auf. »Ich hab's bis hierher mit dir geschafft und werde dich auch bis nach Hause bringen. Also reiß dich ein bißchen zusammen.«

Er hievte ihn langsam und vorsichtig auf einen kleinen Handwagen und schob ihn durch den tauenden Schnee davon.

Nach England zurückzugelangen würde gar nicht so einfach sein. Ich war illegal ins Land gekommen und mußte es auf demselben Wege verlassen. Aber man

schien sich allgemein einig: Raus sollte ich auf jeden
Fall. Ich meldete mich in einem kleinen Büro unweit
der Hauptstraße bei Hauptmann Sam vom Geheim-
dienst. Seit unserer letzten Begegnung hatte er sich
merklich verändert, war schläfriger, plumper, auswei-
chender geworden. Er hockte in einer deutschen Bom-
berjacke hinter seinem Schreibtisch, ohne mich direkt
anzusehen, und spießte Oliven von einem Teller. Ich
fragte mich, wie sich der muntere kleine Killer inner-
halb eines Winters in einen so schlafwandlerischen
Kloß hatte verwandeln können.

»Du brauchst nichts zu tun, als nach Barcelona und
über die Grenze zu fahren«, meinte er, »der Rest ist dann
dein Bier.«

Die Vorstellung schien ihn zu amüsieren; er öffnete
eine Schublade.

»Sie haben mich angewiesen, dir das auszuhändigen.«

Er überreichte mir ein Kuvert, in dem sich mein Paß
und fünf betörend nach Chanel duftende Pfundnoten
befanden. Sie steckten immer noch in dem Umschlag,
den das Mädchen mit seiner galoppierenden, wolkigen
Handschrift an den Socorro Rojo adressiert hatte. Irgendwie wünschte ich mir, die Pfundnoten hätten weniger durchdringend gerochen, ja, der Brief wäre überhaupt verschollen geblieben, trotzdem stopfte ich alles
zusammen in mein Hemd.

»Weißt du, Lorenzo«, sagte Sam, während er aus dem
Fenster sah, »ich habe mich oft gefragt, was für ein Spiel
du spielst. Was du hier in Wirklichkeit getrieben hast. Es
heißt, du seist sogar zu doof zum Milchholen.«

Er riß einen Vordruck von einem Block ab, stempelte
und unterschrieb ihn. Dann reichte er mir mit ernster
Miene das Formular.

»Dein Passierschein«, sagte er. »Wird dir aber nicht viel
nutzen, da du offiziell gar nicht hier bist.«

Die Eisenbahnlinie nach Barcelona war gerade bombar-
diert worden, so daß ich mich einem Lastwagenkonvoi
anschloß. Wir fuhren in einer Nacht durch, blieben
stets nahe beieinander, das Schlußlicht des nächsten
Wagens in Sichtweite. Es war eine lange, kalte Nacht.
Wir saßen auf triefnassen Strohsäcken und purzelten
bei jeder Straßenkurve übereinander. Die meisten Passagiere waren Soldaten (oder ausgemusterte Soldaten
wie ich). In einer Ecke kauerte ein Politischer mittleren
Alters, der sich an einer krokodilledernen Brieftasche
festhielt und sich flüsternd in endlosen, erbitterten
Vorwürfen gegen Azaña Largo Caballero erging. Was
mich selbst anbelangte, so sehnte ich nur ein schnelles
Ende herbei, sei es in Form eines plötzlichen Volltreffers oder meiner erfolgreichen Flucht quer durch Europa, zurück in ihr Bett, um auszuruhen.
Wir ratterten mit großer Geschwindigkeit durch die
Nacht. Ladeklappe und Kotflügel schepperten, während wir zumeist ohne Scheinwerfer über die steinige
Hochebene rasten, der ängstliche Politische flüsterte
und greinte, der Fahrer fluchte, und durch den Boden
zog der Gestank verbrannten Benzins herauf. Zwi-
schenhalte im verdunkelten Licht eines schlafenden
Dorfes, vor den gedämpften Taschenlampen eines Stra-

ßenpostens oder, um in einer Bar eiskalten Wein zu trinken. Dann das Betteln von Frauen und Mädchen um eine Mitfahrgelegenheit in die Stadt, die gutmütigen Obszönitäten der Fahrer, Familien, die in beschädigten Stalltoren ums Feuer saßen und herbeigelaufen kamen, um ins nächste Dorf mitgenommen zu werden: Stimmen des Untergangs und der Hysterie, kreischendes Lachen und Schreien – jeder wollte woanders sein.

Wir fuhren gute zwölf Stunden in jener Nacht, tankten an den Straßensperren auf und erreichten Barcelona in der späten Morgendämmerung. Nach den mittelalterlichen Städten und Dörfern Zentralspaniens verkörperte Barcelona mit seinen langgezogenen, dichtgedrängten Vororten und den schäbigen, grauen Fabrikhallen ein fremdes, industrielles Europa – eine viel zynischere, abgeklärtere und nervenaufreibendere Welt, als die primitive Naivität Kastiliens je hätte ahnen lassen.

Die gierigen, engen Gassen überkreuzten einander wie Linien in einem Kassenbuch und mündeten am Ende in einen der ausladenden, schnurgeraden Boulevards. Im Vergleich mit dem lebenslustigen, verschwenderischen Madrid erschien Barcelona wie ein geschäftstüchtiger, reicher Onkel, der über allem stand und sich kaum noch als Spanier empfand. Jetzt wirkten seine Hauptbücher tintenfleckig und verschmiert, als habe man ihm einen Strich durch die Rechnung gemacht. Die verächtlich herausfordernden Banner aus den ersten Tagen des Krieges hingen schlaff an den Banken und Geschäftshäusern, stumm und bleich wie die Gesichter der Passanten.

Jaime, den ich hier kontaktieren sollte, wohnte unter dem Dach eines alten Hauses im viktorianischen Stil am unteren Ende einer schmalen Gasse, unweit der Stelle, wo die Ramblas auf den Hafen stößt. Das Haus quoll über von Männern und üppigen Frauen und erbebte unter ihrem Gekreisch und Gelächter. Wie Pompons lugten die Gesichter der Mädchen aus den halbgeöffneten Türen. Auf der Treppe duftete es so stark nach Duftöl und Puder und heißer Haut, daß Winter und Krieg wie weggefegt schienen.

Jaime, ein robuster junger Katalane mit Zwirbelbart, lud mich in seine winzige Mansarde. Auf den unzähligen Regalen an den Wänden standen Bücher, Schallplatten und kleine Tanagrafiguren. Er besaß ein aufziehbares Grammophon mit Schalltrichter, auf dem er eine Beethovensonate abspielte. Als ich eintrat, schaltete er es aus, und das fröhliche Getöse aus den unteren Etagen drang durch die Treppenritzen zu uns herauf.

Ich kannte Jaime aus Tarazona. Er sprach nicht nur Katalanisch, sondern auch Spanisch, Baskisch, Französisch, Deutsch und Englisch mit einem Dubliner Akzent. Er hatte vor dem Krieg als Theologieprofessor an der Universität von Sevilla unterrichtet und war an der Ebro-Front verwundet worden.

Er zeigte mir sein neues, kunstvoll gedrechseltes und poliertes Holzbein, das ein hiesiger Gitarrenbauer für ihn angefertigt hatte.

»Rosenholz, Zeder und Ebenholz«, sagte er und stampfte damit auf den Boden. »Wenn die Musik spielt, beginnt es zu tanzen.«

Er gab mir einen Schluck Brandy und erklärte mir, was ich zu tun hatte. Es war, als nähme ich an einem surrealen Schachspiel teil, bei dem die Bauern sich ohne Vorwarnung in Könige und Damen verwandeln und die Gangart der Figuren sich jederzeit ändern kann. Die Polizei, die Armee, die städtische Miliz, die Gewerkschaften, sie alle besaßen Macht, aber die Machtkonstellationen änderten sich offenbar täglich.

»Egal, du wirst keine Schwierigkeiten haben, das verspreche ich dir. Geh zum Sekretariat. Die geben dir ein Ausreisevisum. Sag nichts – und die Sache geht in Ordnung.«

Er muß meinen zweifelnden Blick bemerkt haben.

»Es passiert dauernd. Mach dir keine Sorgen. Sie wissen, was wir tun. Aber falls du an Idioten geraten solltest – vernichte deine Papiere.«

Jaime grinste schwach und erweckte insgesamt den Eindruck einer fetten Spinne, die überall ihre Finger im Spiel hatte und deren Kontrolle sich über das ganze, wuchernde Unterholz dieser Stadt erstreckte, so daß niemand sie ohne sein Wissen betreten oder verlassen konnte.

Ich sah keinen Grund, an seinen Worten zu zweifeln, schlenderte die Ramblas hinauf und meldete mich sofort auf dem Polizeipräsidium, wo man in einer pompösen Amtsstube meinen Paß und meine chanelimprägnierten Pfundnoten unter die Lupe nahm und mich stehenden Fußes als Deserteur und Spion verhaftete.

Ich fragte, ob ich wenigstens mein Geld zurückhaben könne, aber die duftenden Scheine landeten ungerührt in einer Schublade. Der Polizeichef sah mich scharf und unverwandt an. »Das ist für die ›Sache‹«, erklärte er. »Bisher hast du ja kaum etwas dafür getan!«

Und so kam es, daß ich einmal mehr am hellen Nachmittag zwischen zwei Soldaten mit Stahlhelm und Bajonett durch die Straßen defilierte. Die Menge zeigte ein eher beiläufiges Interesse, manche Kinder und Mädchen warfen mir einen flüchtigen Blick zu. Ein junger Mann, insbesondere ein junger blonder Ausländer, der von Wachen durch die Stadt geführt wurde, war offenbar kein außergewöhnliches Schauspiel mehr. Nur ein bärtiger Alter humpelte aus einem Hauseingang, überquerte die Straße und zwickte mich in den Schenkel.

»Nicht erschießen«, sagte er. »Gebt ihn mir, ich bring ihn meiner Frau.«

Die Wachmänner brachten mich zu einem langen, schwarzen Gebäude am Hafen und stießen mich durch eine Seitentür. »Wir haben euch noch einen gebracht.« Mein Empfang gestaltete sich eher gleichgültig, keine Eintragungen, keine Fragen; man sagte mir nur, daß ich warten solle. Der riesige Vorraum erinnerte an einen Dickensschen Schuldturm: ein finsteres, undurchsichtiges Gelaß, das nur spärlich beleuchtet war und in dem zahllose Männer, Frauen und Kinder auf dem Boden hockten. Es wurde gekocht, manche spielten Karten, manche schliefen, andere tappten umher. Überall wurde geschwatzt und geplappert, und hier und dort sah man lachende Münder. Da waren Männer in alten,

zerfetzten Uniformen, die augenscheinlich von ihren
Müttern, Frauen oder Cousinen umsorgt wurden. Sie
massierten den Männern die Füße und fütterten sie mit
Suppe. Der Raum war eine Art Niemandsland.

Nach etwa einer Stunde wurde ich zu einem Eisengitter
geführt, das am hinteren Ende den Raum zerteilte.
Dahinter lagen die eigentlichen Gefängniszellen, und
in eine davon wurde ich ohne weitere Erklärungen oder
Umschweife eingesperrt. Jede Zelle war mit einigen
Pritschen ausgestattet und hatte ein Loch im Boden, in
dem ein beständiges Rinnsal versickerte. In meiner Zelle spülte ich alle Papiere weg, die auch nur den geringsten Rückschluß auf meine Person zuließen – Notizen,
Armeeausweise, handschriftliche Anweisungen, die
Salvo Conductos, ja sogar die lüsternen, überschäumen-
den Briefe des Mädchens. Als unbekannter Anonymus
richtete ich mich nunmehr in der Zelle ein, die ich mit
einem äußerst schweigsamen Gefährten teilte. Ich hoffte, man würde mich ganz einfach vergessen. Kein plötzliches Schlüsselrasseln, niemand, der nachts meinen
Namen rief. Ich hoffte, fortan nur noch als Leerstelle im
System aufzutauchen.

Ich verbrachte etwa drei Wochen in dieser Zelle. Weder
Wachen noch Vertreter einer Obrigkeit ließen sich
blicken. Die Luft war von einer schweren, feuchten
Muffigkeit durchtränkt, als seien die Wände mit übel-
riechenden Filzdecken verkleidet. Nach ein paar Tagen
begann ich zu erahnen, was es heißt, im Gefängnis zu
vermodern. Durch ein hochgelegenes Fenster wanderte
gemächlich das Tageslicht. Man brachte uns weder zu

essen noch zu trinken. Aus einer Blechtasse, die neben
einem Hahn in der Ecke festgekettet war, konnten wir
Wasser trinken, und einmal am Tag kam gegen Mittag
eine Nonne vorbei und reichte uns durch die Stäbe
schweigend eine kleine, flache Stulle.

Das war alles, was wir während vierundzwanzig Stunden bekamen, und wie sehnten wir den Mittag herbei!
Diese Stulle, weißer und kleiner noch als die Hand der
Nonne, inwendig dünn mit Mettwurst bestrichen und
außen mit dem unaussprechlichen Aroma ihrer Be-
rührung gewürzt, welch ein Festmahl war dieses Brot
für unseren in Ketten gelegten Hunger und Appetit.
Und wie hingebungsvoll habe ich zeit meines Lebens an
sie gedacht.

Aber abgesehen von diesen elfenhaften Besuchen wurden wir allein gelassen. Keiner kam, nichts passierte.
Keine brüllenden Inspektoren, kein Hofgang, keine
Bestrafung. Man schien uns aufgegeben zu haben. Das
war in einem so großen Militärgefängnis wie diesem
zwar unwahrscheinlich, aber fürs erste war ich froh
darum.

Dann, nachdem ich die zweite Woche in der schummri-
gen Einsamkeit meiner Zelle zugebracht hatte, machte
mir die Stille allmählich zu schaffen. Mein Gefährte
war abgeholt worden. Welches Schicksal, sinnierte ich,
hielten sie wohl für mich auf Lager? Und wann würden
sie kommen, es zu verkünden? Nach der dritten Woche
begann ich Pläne zu schmieden, wie ich einen Hilferuf
nach draußen schmuggeln könnte, zu Jaime oder einem beliebigen anderen menschlichen Wesen. Drei Wo-

chen ohne Drohungen oder Verurteilung oder auch nur gelegentliche Schikanen, das schien mir doch etwas nachlässig.

Inzwischen war ich krank geworden, lag schlotternd auf dem Steinboden und kratzte mit den Fingernägeln den Schimmel von den Wänden. Ich litt an Angstzuständen, die immer schneller aufeinander folgten und nirgendwohin führten als zurück in mein Gehirn. Nur die Nacht, das schwarze Oberlicht und das mittägliche Geflüster der Nonne, die aus ihrem spitzengesäumten Körbchen die heißersehnte Stulle kramte, setzten der leeren Stille meiner ausufernden Zellenwirklichkeit Grenzen.

Die Erlösung kam ebenso plötzlich wie unverhofft und ganz ohne das gebührende Pathos. Ein schäbiger alter Schließer öffnete meine Zellentür; ich sah sofort, daß er keine Waffe dabei hatte. »Raus hier, raus«, sagte er, und der dünne rote Schlitz in seinem Gesicht verzog sich zu einem senilen Großvatergrinsen. »Was für eine Überraschung, he?« sagte er und boxte mir in die Rippen. Dann schloß er umständlich das äußere Gitter auf. Wir schritten durch Dämmerlicht und Dunkelheit, passierten eine lange Flucht von Fluren – hie und da Flüsterstimmen und der Geruch ungewaschener Männer, die ihre Körper aneinander wärmen –, bis wir zu ebener Erde ankamen.

In der riesigen, offenen Vorhalle des Gefängnisses drängten sich immer noch Frauen und barfüßige Kinder. Ich bahnte mir einen Weg durch die wachsam wartende Menge und folgte dem Alten, wo immer er mich hinführen mochte.

»Dort ist dein Freund«, sagte er schließlich und wies auf die Tür. Es war in der Tat eine Überraschung.

An einer Säule neben dem Eingang lehnte ein kleiner, untersetzter Mann mit einem schicken Überzieher und weichem Filzhut. Er lächelte mich schüchtern und freundlich, aber auch eine Spur betreten an. Es war Bill Rust, der Herausgeber des *Daily Worker*.

»Du solltest längst in London sein«, sagte er. »Wie bist du denn hier gestrandet?«

Ich sagte ihm, ich hätte nur die Anweisungen befolgt.

»Ah, Jaime – ja.« Er wand sich verlegen. »Laß uns gehen. Mein Wagen steht draußen.«

Und tatsächlich stand draußen ein Fahrzeug, auf dessen Rücksitz mein ganzes Gepäck gestapelt lag. Ich war frei, völlig unerwartet aus meiner modrigen Zelle in die klare Nachtluft Barcelonas entlassen. Rust hatte am Abend mit dem Polizeichef ein Gläschen getrunken, und ganz nebenbei war dieser auf den dubiosen Engländer zu sprechen gekommen, der unten im Gefängnis hockte. Rust hatte vermutet, daß ich es war. Bürge für ihn, und du kannst ihn haben, hatte der Polizeichef gesagt.

Ich war froh, aber auch ein wenig sauer über die Behandlung, die man mir hatte angedeihen lassen.

»Du bist also sofort gekommen, nachdem du es erfahren hattest?« fragte ich.

»Du kannst von Glück reden. Ich gehe nicht jeden Abend mit der Polizei einen heben.«

»Aber ich bin über drei Wochen da unten eingelocht gewesen.«

»Du hättest gut und gerne den Rest deines Lebens da eingelocht bleiben können.«

Rust brachte mich in seine Wohnung, hoch über einem der Boulevards, und sagte, ich solle dort bleiben, bis sich die Dinge geklärt hätten. Er schaltete den Boiler an, damit ich ein Bad nehmen konnte, verabreichte mir ein Glas Whisky und kochte mir ein Haschee aus Corned beef. Rust war ein ruhiger, sanftmütiger Mensch, der sich gegen herrische Bürokraten durchzusetzen wußte, aber gegenüber streunenden Jungs wie mir benahm er sich wie ein freundlicher Onkel. Ich blieb zwei oder drei Tage in seiner Wohnung und verspürte auch keinen übermäßigen Drang, mich auf der Straße blicken zu lassen und eine erneute Festnahme zu riskieren. Um mich zu beschäftigen, ließ Rust mich seine Karteikarten ordnen, die in lauter Schuhkartons steckten und alphabetisch sortiert werden mußten. Es handelte sich um Karten mit den Namen und Adressen britischer und irischer Freiwilliger, ihren nächsten Angehörigen (so vorhanden), Datum des Eintritts, Einsätzen in den Brigaden, Kurzberichten und Bewertung. Es müssen fünf- oder sechshundert gewesen sein. Viele, mehr als die Hälfte, trugen den Vermerk »gefallen« oder »vermißt« – in der Schlacht um Brunete, von Guadalajara oder am Ebro. Aristokraten- und Bürgersöhne, Studenten, Kohlebergleute und Fabrikarbeiter – die schlecht gewappnete Vorhut eines Zweiten Weltkriegs, der diesen Namen noch nicht trug. Hier standen, fein säuberlich in Schuh-

kartons eingereiht, die Namen toter Helden, die nie in
offizielle Gedenkstätten eingraviert werden sollten. Sie
hatten das kommende Übel erkannt, ohne die Anerkennung, ja oft genug unter dem Spott der Öffentlichkeit
zum Gewehr gegriffen und sich zu früh in die Schlacht
geworfen.

Rust kam und ging, tagsüber war er meist unterwegs,
abends tranken wir Whisky und redeten. Kein einziges
Mal sprach er über seine Zeitung, den Krieg oder seine
Verbindung dazu, statt dessen erzählte er Geschichten
über die harmloseren Grausamkeiten seiner Kindheit.
Er stellte mir keine Fragen, es sei denn nach meiner Gesundheit, an der er regen Anteil nahm. Ja, seine Für-
sorglichkeit trug fast schon mütterliche Züge und ging
so weit, daß er mir seine Karteikarten zum Spielen überließ.

Um keine unnötigen Risiken einzugehen, fuhr Rust
mich am dritten Tag zum französischen Konsulat und
zum Polizeipräsidium, wo er mein Ausreisevisum be-
sorgte. Der Beamte, der meine parfümierten Pfundnoten eingesackt hatte, stempelte meinen Paß ab: salé
sin dinero – ohne Geld ausgereist. »Leb wohl, Genosse«,
sagte er kurz angebunden. »Ich glaube nicht, daß wir
dir noch was schuldig sind.«

Jaime kam zum Bahnhof, um mir letzte Anweisungen
und einige verschlüsselte Adressen in Paris und London
mit auf den Weg zu geben – nebst Entschuldigungen
und Erklärungen, die mich jetzt nicht mehr interessier-
ten und die ich ohnehin nicht verdient hatte. Im Geiste

hatte ich diese Stadt, wo die Frauen im Regen vor Geschäften, Krankenhäusern und Gefängnissen Schlange standen und vergeblich auf ein Wunder warteten – hatte ich dieses dem Untergang geweihte Land bereits hinter mir gelassen.

Der Nachtzug zur Grenze stand abfahrbereit am Bahnsteig, er war brechend voll, unbeleuchtet, ungeheizt und roch nach ungewaschenen Wunden. Ich schlängelte mich durch das Gemurmel und fand in einem der winzigen, holzverkleideten Abteile zwischen den roten Punkten glimmender Zigaretten noch einen Platz. Während wir durch die schwarzglänzenden Vororte Barcelonas krochen, leuchteten die Suchscheinwerfer das Meer ab. Außer einem halbunterdrückten Hüsteln, schwerem Atmen und dem schwachen, ängstlichen Stöhnen einer Frau war kein Laut zu vernehmen. Als wir das offene Land erreichten, wurde das Zuckeln gleichmäßiger und schneller, und meine Reisegefährten fanden in plötzlicher Unbekümmertheit ihre Sprache wieder. Zwei von ihnen stammten offenbar aus demselben Fischerdorf im Norden. Sie waren sich soeben erst wiederbegegnet und kehrten gemeinsam nach Hause zurück.

»Erinnerst du dich an Don Anselmo – den Fischfabrikanten?«

»Natürlich erinnere ich mich an den.«

»Das war vielleicht ein Halsabschneider und Gauner.«

»Er zahlte uns eine Pesete am Tag – bevor sie ihn erschossen haben.«

»Wer hat ihn erschossen?«

»War es nicht das Komitee, das ihn erschossen hat?«

»Ja, es war das Komitee, das ihn erschossen hat. Sie haben eine ganze Menge weggeputzt.«

»Eine lächerliche Pesete am Tag – Gott verfluche ihn.«

Die kübelweise ausgegossene Gerechtigkeit erntete heisere Zustimmung rundum, dann richteten sich alle hustend und nestelnd für die Nacht ein. Zigaretten wurden ausgemacht, die Geräusche verstummten, nur weiter hinten hörte man noch immer das Stöhnen der Frau.

Im schmutzigen Licht der Dämmerung erreichten wir Port Bou. Auf dem Bahnsteig stand eine Gruppe graugesichtiger Männer in Handschellen und abgerissenen Uniformen. Sie wurden von einigen alten Veteranen mit Musketen bewacht. Deserteure, die sich über die Berge davonmachen wollten, sagte einer. Auf dem Hinweg, dachte ich bei mir, war mir auf der anderen Seite Ähnliches widerfahren.

Jetzt war ich auf dem Weg zurück, offizielle Papiere in der Tasche, im übrigen salé sin dinero und auch sonst eher dürftig ausgestattet. Die beiden Bergkuppen, zwischen denen ich auf dem Weg nach Spanien hindurchgewandert war, waren mir seinerzeit als Eintrittspforte in einen Krieg fast zu unscheinbar erschienen. Aber der Weg hinaus war noch unscheinbarer; unsere Lok holte tief Luft, ließ die Unterwelt zurück und schraubte sich durch den kurzen Tunnel von Port Bou nach Cerebère. Vorhänge wurden aufgezogen, der Morgenhimmel tat sich auf, Cafés mit Neonbeleuchtung und überall der Geruch heißer, fetter, französischer Butter ...

Am nächsten Morgen fuhr ich in Victoria Station ein

und sah von Ferne die Wolke ihres Atems. Sie besah sich meine Hände, dann mein Gesicht und ließ ihr kurzes, schakalartiges Lachen hören. Ich vergrub meine Nase im kalten, taufrischen Pelz ihrer Haare.

Während wir in den Norden Londons fuhren, sah sie abwechselnd zu mir und auf die Straße. »Ich hoffe, du bist mit dir zufrieden«, sagte sie. »Hast nicht einen einzigen Gedanken an mich verschwendet, stimmt's? Weißt du eigentlich, was ich hier durchgemacht habe? Eines Nachts hab ich sogar zu telefonieren versucht, aus einer öffentlichen Zelle – denk nur –, und ich habe es bis zum Socorro Rojo in Albacete geschafft. Stell dir vor – quer durch Frankreich, über die Grenze hinweg – durch halb Spanien und den Krieg und alles … Es hat drei Stunden gedauert, und ich habe die ganze Zeit geheult. Ich mußte einfach mit dir reden, mit dir *reden*, verstehst du? Aus einem Auto sah mir ein Mann zu, der mir dauernd neue Münzen für den Apparat geben mußte. Du hast wirklich allen Grund, so selbstgefällig zu grinsen.«

Dann kam ich in ihrer Wohnung an. Oben im wohlhabenden Hampstead. Der lange, unverwandte Blick ihrer blauen Augen war unwiderstehlich. Ich erinnere mich der Blumen auf dem Klavier, der weißen Laken auf ihrem Bett, der Tiefe ihres Mundes und einer Liebe, die nicht nach Ehre fragte.